大人のお作法

岩下尚史
Iwashita Hisafumi

JN231311

インターナショナル新書 003

目次

第一章　それでもお茶屋に上がりますか

知らないことは訊けばいい

折り入って相談したいことがあります——なんて夜さりに電話をかけてくるから、気になるじゃありませんか。そのせいで寝つきがおそくなったよ。今どきのことだから、手紙で先触れをしろとは言いませんが、向後《きょうご》はメールにしてくださいな。

それで何です、相談って。録音機まで仕込んで、ずいぶんまた大袈裟じゃないの。ちょっと。

貴方、どうかしていませんか。

「料亭に行ってみたいんですけど、どうすればいいか教えてください」てエようなこと、わざわざわたくしに訊くような話じゃないでしょうに。

今はインターネットの世の中なんでしょ。好さそうなお茶屋をグーグルか何かで検索して、予約して、どこへでも行ってきたらいいじゃないの。それだけことですよ。

そりゃあ、初めてなら誰だって勝手は分かりませんよ。でも、知らないことは恥じゃありません。予約の電話を入れるときに「料亭を使うのは初めてなので」と伝えれば、向こうからいろいろ訊いてくるはずです。

「何人様で」

「芸者はいかがいたしましょうか」

「料理にお好みはございますか」

そんな具合にお帳場《ちょうば》の人が細かく訊いてくるわけです。そうしたら、参加者は何人、芸者は何人、料理はこうと、指示を出していけばいい。生魚《なまざかな》がお嫌いな方がいらっしゃるなら「この方には刺身ではなく代わりのものを」とか、ワインしきゃ飲まないって方がいらっしゃるなら、その由《よし》を事前に伝えておくわけです。

予算は惣々《そうぞう》でこれこれだから、あとは万事そちらに任せる——ということでも構いません。最初はそうしたほうが無難でしょうね。

たとえば「芸者は何人呼びますか」と聞かれて「五人にしてくれ」と言ったとしますね。そうしたら、「余興は何になさいますか」と訊いてきます。

「余興って何ですか」

と訊き返せば、丁寧に教えてくれましょうが、そうやって一から十までの話を詰めていくのは面倒じゃありませんか。面倒だと思うのなら、やっぱり「この予算で按配《あんばい》してくれ」と頼むのが宜《よろ》しいでしょうね。

ええ、そうです。みんなお任せ。簡単な話です。「余興はいらないからそのぶん料理にまわしてくれ」ってことでも構いません。

一見《いちげん》

一見《いちげん》さんお断り、ですか？

これは近松の浄瑠璃にも見えますから、関西の花街《いろまち》の言い回しに違いありませんが、わたくしの若い頃、つまり昭和の暮れ方までは新橋や赤坂の花柳界では使いませんでしたね。

東京では「一見」とは言わず、「臨時《ふり》の客」と呼んだものです。しかし、昔から、大きな格式のある料理屋や待合《まちあい》に紹介もなく、ふらりと入る客なんてありませんからね、これは専《もっぱ》ら小さな安待合を見かけて来る、店から見れば得体《えたい》の知れない客の呼び方です。こうした紹介もなく、初めて来た客に対しては、女中が玄関先で財布を預かったものだそうです。昭和初めの渋谷の三業地《さんぎょうち》に出ていたお婆さんに聴きました。

それが今ではチョットした飲食店でも一廉《ひとかど》の料理屋風に気取りたいときには、「一見さ

ん お断り」をほのめかすようですが、こちらに勘定の心配がなく、そして約束を違《たが》えず来る客だと分かりさえすれば、たとえ初回でも歓迎されるに決まっています。

ですからね、これが大きなお茶屋——いわゆる料亭ですか——であっても、そりゃア、紹介者があればあるに越したことはありませんが、それでも支払いの用意さえあるならば、一見さんお断りなんてことはご心配なさらなくていいと思いますよ。

まして当節は、名代《なだい》のお茶屋がホームページを作るのを見ましても、昭和の頃のように役人を接待する大企業の顧客が減ったらしく、昔のように世間に対して塀を高くめぐらし、とりすましてばかりでは稼業が成り立たなくなっている様子です。ですからなおさら、勘定さえ間違いがなく、予約どおりに来てくれるならば、新規の客でも大歓迎というのが本音でしょうからね。

それでもまア、今でも政財界の大立者《おおだてもの》が使うような店ですと、彼らの秘密を守るうえでも、また一流の圧《お》しで通した看板の格を落としたくない心理もあるかして、未だに「ウチは一見さんお断り」と言わんばかりに、紹介者を要する但し書きを出しているお茶屋もあります。だけどそこはクレジットカードの信用を頼りになさったらどうですか。

「これこれのカードは使えますか」

と、切り出して、ブラックとやらプラチナとやら、わたくしなどは見たこともない黒の威力を光らせたならば、「ようこそ」てな運びになるかもしれません。

結局、お金なんですよ。どこの馬の骨か分からない人間でも、金さえ払えば客です。それでも誠に申し訳ありませんが、どなたかのご紹介がないとお通しできません――というお茶屋は、東京じゃア築地の新喜楽《しんきらく》をはじめ、あと三軒くらいではないかしら。

そういう大料亭に上がるのは貴方には無理でしょうが、それ以外の家ならどうにかなります。勝手にお出でなさい。

ということで、宜しいかしら。わたくしもたいがい閑人《ひまじん》ですが、今月中に仕上げなきゃいけない小説がありましてね。これから机に向かわなきゃアならないんです。今日のところはお引き取り願いたいね。

もっと詳しく教えてくださいって、貴方。ちょっと図々しいんじゃありませんか。たかだかお茶屋遊びのことで夜中に電話をかけてくるわ、家まで押しかけてくるわ。しかもよく見たら手ぶらじゃないの。教えを乞いたいのなら、手土産の一つも持ってくるのが常識でしょうに。

今日はいったいどうしたんです。貴方、どちらかというと淡泊というか線が細いというか、そういう質《たち》でいらっしゃったでしょう。それが今日に限ってどうしてそう圧しが強いのさ。

あ、お得意様の接待、ですか。

貴方がお茶屋で宴を催して、お得意様を接待したいわけ?

悪いことは言いません。それはおよしなさい。親しい仲間とお寛《くつろ》ぎになろうってんでお茶屋に上がるのなら、わたくしも止めはしませんよ。ですが、初心でそんな大それたことをしては恥をかかないとも限らないし、大切な方をしくじりかねません。座敷での接待にはいきとか心得が要ります。ですから、お得意様の接待だったら流行《はや》りのレストランでもどこでも、貴方の顔の利く店になさったほうが宜しいと思います。顔の利く店がないってのなら、紹介してあげましょうか。

伝わらない話

何です、その本は。

本なんか土産にもらったって嬉しかありませんよ。

……って、ソレ、わたくしが昔出した本じゃないの。まさか貴方にご購読いただいていたとは想像していませんでした。ありがとう。

「難しくて五ページくらい読んで挫折しました」

とはずいぶんな言い草だよ。貴方も大人の男だったら、お世辞でも褒めたらどうなんです。わたくしなんて、たとえ読んでなくたって精切《せいぎり》一杯褒めます。それくらいのことができなくてどうするのよ。

ただまあ、自分の言葉が今日この頃では通じなくなってきたということは、日々痛感しているところでもあります。ラジオ番組だとか雑誌に頼まれて、花柳界の話やら芝居の話やら、その他こまごまとした暮らしの中で伝承されてきた型について話をしますでしょ。そのときにいつも感じるのは、話が伝わりにくい、ってことです。

「今日はお月見について教えてください」

たとえば放送局でそう頼まれて喋っていると、聞いている側の眼の色が、だんだん険《けわ》しくなってくるんです。わたくしの話の仕方が下手なこともありますが、古風な暮らし方に対する実感がないし、その底に流れている信仰も持たないし、それがあることも知らないから、分からないんでしょうね。相槌《あいづち》もほとんど打たずに、怖い顔になってくる。結果、わたくしが一人合点でずっと喋るわけで、これ、聞いている側もお辛いでしょうが、喋っているこちらも辛いですよ。喋っているうちに不機嫌になってきます。

それと同じで、ここで貴方にお茶屋の使い方を細かく指南したところで、理解してもらえるはずはありません。嫌ですよ、みすみす自分が不機嫌になるのが分かっていて喋るなんて。

今しがた貴方が鞄《かばん》からお出しになった、わたくしの本。それらを出版したのは一〇年ばかり昔で、当時はわたくしも雑誌やら何やらで「若いみなさまにも是非お茶屋に上がってほしい」ということを喋っておりました。そのための指南めいたことも申しておりました。なぜって、その頃の花柳界は風前の灯《ともしび》ではありましたけれども、まだ滅んではいませんでしたから。

もちろん今でもお茶屋はあります。芸者だっています。ですけれども、わたくしがぎりぎり見聞した一流の花柳界の実態は、はたして東京の花柳界にどれほど伝わっているでしょうか。今さらお茶屋での宴会の指南をしても詮無《せんな》いことです。

お茶屋について訊きたいというのなら、わたくしのところに来るのが十年遅かったですね。

お生憎《あいにく》さま。

男の器を見せる場所

いえね。なにもわたくし、意地悪で言ってるんじゃないんですよ。普段世話になっているお得意さんを接待するのに、聞きかじりの生兵法《なまびょうほう》でお茶屋に上がってトンチンカンなことをしでかすくらいなら、勝手のよく分かったレストランなり何なりで遺漏《いろう》なく接待したほうが貴方の株が下がらずに済むじゃないの。

いいですか。

宴会ってのはそもそも、男の器量を見せる場所だったんです。宴会の主催者は、自分の力量を客に見せ、また客の客ぶりも見たわけです。

名代の場所で、立派な宴を張る。これは少なくとも昭和五十年代の頃までの、中年以上の常識的な男にとっては、さして珍しからぬ望みであり憧れでした。男と生まれたからには、沢山の客をもてなすくらいの身分になりたいと、昔の男は押《お》し並《な》べてそう願っていたんです。一生のうち、一度でいいから宴会の主催者になりたい。あとで評判になるような宴を張って「あのときのあの人は見事だったね」と言われたかった。

これはなにも都市の花柳界でのことに限りません。たとえば、わたくしが少年時代を過ごした九州では、男の大厄《たいやく》の前後に「厄《やく》入り」「厄晴れ」と称《とな》えて、町内の料理屋の座敷あるいは自家の座敷に親類や知人を招き、その人の分に応じながらも精一杯、酒肴を振る舞うことが盛んだったことを憶えています。

そうですか、って。そういう素っ気ない相槌はどうでしょうね。自分が理解できない話だからって、そうも露骨に「どうでもいいや」って顔をしなくてもいいじゃないの。

話をなるべく分かりやすいように言えば、といって、もしかするとかえって難しい話になるかもしれませんが、日本人にとって「饗応《きょうおう》」がことのほか大事であったことは、そのもとが古代の厳《おごそ》かな神事に基づくことに由来します。

　今ではお祭りというと、お神輿やら山車の賑わいに興味の中心が置かれるようですが、祭りの中核は神さまへ初穂をはじめとする海山《うみやま》の献饌《けんせん》であり、お神楽などの芸能であり、そうした心尽くしの款待《かんたい》をしたうえで祝詞《のりと》を奏上し、力なきわたくしどもへのご加護を願うというのが本来なのです。

　ですから古代の宮中にあっては東宮と中宮あるいは大臣が宴を催し、天子さまを款待する大饗《おおあえ》という儀式が重んじられました。大臣を専任するようになった藤原氏においては、天子さまをもてなす宴に用いる朱塗りの酒器と台盤とが、摂関家の重宝《ちょうほう》として氏《うじ》の長者の交代に際して授受されたほどです。

　そうした印象は『源氏物語』にもうつされており、このときの神祭りはああだったとか、あのときの仏を祀《まつ》る儀式はこうだったとか、御所殿《ごしょでん》の管弦の遊びで調度の飾りをどうして、引き出物をこれにした——というようなことが美しく、さも嬉しそうに描かれています。ってことは、当時はそれが極めて大事なことで、なおかつ大きな喜びだったのだろうと察せられるわけですね。

光源氏は多くの才長《さいた》けて眉目麗《みめうるわ》しい美女に好かれたとともに、立派な宴を催すのが上手です。つまり、それだけの甲斐性があった、と『源氏物語』の作者は伝えたかったわけです。こうした実生活上の手腕と判断力を「やまとだましい」のなせるものと書いています。この言葉の本来の意味は、こうしたものでした。

この饗応の伝統は武家の世にも引き継がれ、室町時代になると将軍御成《おなり》と称え、足利将軍が臣下のもとへ来遊する折の酒宴には善美が尽くされ、また茶の湯や猿楽《さるがく》などの芸能も馳走のひとつでしたから、おのずから会所《かいしょ》、いわゆる座敷の文化の発展と洗練とにおおいに寄与したわけですね。これは徳川将軍も真似をしましたし、江戸もなかばになりますと、鎌倉以来の禅寺の暮らしにも学んだ数寄屋普請《すきやぶしん》の料理茶屋なども開業するようになり、民間にもようやく宴会の様式が整ったわけです。

そうした時代の折々において、いかに宴会の主催者となることが名誉であり、男の器量の見せどころであったかというと——おや、生欠伸《なまあくび》を噛みしめたよ、この人は。それじゃア仕方ない、王朝や五山を例に引くよりは、そんな貴方にも分かるように絵本太閤記的な戦国時代の伝奇で行きましょう。大河ドラマだって、たいていはその辺か幕末維新ですから……。

さて、みなさんがお好きな織田信長が、あるとき安土城《あづち》で徳川家康をもてなす宴を張ろうと決めて、饗応役に明智光秀を指名した――なんて話がありますでしょ。ところが宴会当日にしくじりがあって、信長は衆目《しゆうもく》のなか光秀を殴打したとか、そういう話です。

これ、歴史的に本当の話なのかどうか、分かりませんよ。分かりませんが、こんにちまで語り継がれてきたのは事実です。もっともらしい話だと、時々の人たちが感じたからこそ、何百年という時を越えて語り継がれてきたのだとわたくしには思えるわけで、ならばこの話のどこに、関心があったのか。

わたくしが着目しますのは、光秀の失敗が、宴会におけるソレだった、ということです。戦場で大敗したわけではなく、領民に反乱を起こされたわけでもないのに、光秀は殴打された。信長が度を超えて気性の激しい武人だったとしても、これは異常事態です。

信長の家臣のなかじゃ、光秀は出世頭です。うんと大事な家臣だったから出世させたわけで、そういう相手を衆目のなか叩くのはよほどのことです。時代は下りますが、喧嘩といえば有名な忠臣蔵。あれも勅使《ちよくし》饗応の場での刃傷沙汰《にんじようざた》なのは面白い。つまり宴会というのは、昔はそれだけ大事な――。って、またそんな露骨に、退屈そうな顔をなさる。

概論なんて何の役にも立ちません

まあ、そうは言っても、貴方がたの世代ならば説明されても分からないでしょうね。今は宴会といったら、忘年会と新年会、歓迎会に送別会くらいなものだし、それも減っているから。

だけど、どうです。

そつなく宴会を取り仕切った幹事役が「あの人は立派だ」なんて具合に評判を上げることはありますでしょ。宴会をうまく取り仕切れなかった幹事役が、「やっぱりアイツは駄目だ」なんて評判を落とすこともあります。

昭和の頃までのお茶屋の顧客たちは、酒や料理をどうするか、芸者は誰を呼ぶなんてことは言うに及ばず、「軸はこれを掛けろ」とか「余興は何にしろ」とか、一から十までお茶屋に指示を出した。そうでないと、ありたきりの宴会になってしまって、お客が喜びませんからね。

相手をいかにもてなすか。相手を満足させることで心服させるにはどうすればいいか。これは誠に大事なことです。なのに今は、自分を基準にしてそれを考える人がいます。そうかと思えば、普通はナニナニだ——という、ありもしない一般論で考える人もいる。

人間はみんな違うのですから、概論なんて何の役にも立ちませんよ。物事はみんな、個別具体的に考えないと、思うところに嵌《は》まりません。

昔の紳士たちは、宴会に迎える対手《あいて》の酒や料理の好みはもちろん、その土地のお茶屋や芸者との相性、趣味道楽に至るまでさりげなく観察し、あるいは馴染みの芸者や座敷女中に問い合わせるなどして情報収集につとめたものでした。

これは数寄者《すきしゃ》が茶事を催すときの心得と少しも違いません。わけても大人数の宴会のときには、客同士の関係性を考慮したうえで着くべき席次に最も心を配る必要があります。

これが一番大切で、仲のよろしくない客同士を並ばせたのでは、せっかくの一座建立《こんりゅう》に暗雲が垂れ込めるかもしれず、両々《りょうりょう》下らざる高貴の客が二人のときには、床の間は動かせませんが、そのときの座敷の造りに応じて、いわゆる両立ての形になるように工夫をつけ、どちらも主賓としての座を作るなど、その時々の苦心が要るものです。

そうした資料をもとに、お茶屋に対しては「お正客《しょうきゃく》は常磐津《ときわず》がお好みだから、芸者の余興もそれにして、お祝いの席にふさわしい『千代《ちよ》の友鶴《ともづる》』にしてくれ」とか「あちらの奥様は茶人だから、お帰りにお渡しするお土産は越後屋の菓子を取るように」など、細かい指示をしたものでした。

対するにお茶屋のほうでも心得があり、宴会を開く主人から指示がなかったとしても、その招待客が三井か三菱か住友か、そのほか企業の系列によって座敷のしつらえも変えました。たとえば昔のことで扇風機などの家電もすべて、その招待客に合わせて同社系のものに取り換えることはもちろん、その企業にゆかりの偉人が揮毫《きごう》した軸を床の間に飾るなど、どれも一流なればこその気遣いのあれこれ、そこにぬかりもマニュアルも概論もなく、目の前の対手に合わせ、入目《いりめ》にもなく、またさし出《で》ても見えぬよう、ひたすら気を添うように心がけたものです。

花柳界はなぜ栄え、なぜ衰退したか

そうした心入れのある、ゆきとどいた宴会に招かれた客のほうでも、次にはお返しの宴を張らなければならない。大正生まれの紳士たちが健在だった昭和時代の末まではそういう考え方が残っていて、だから花柳界は栄えたんです。招く、招かれる、また招く。お互いに真剣勝負の宴の主《あるじ》と客に扮することを繰り返すなかで気も通じ、信置く仲になることを目指したのです。こうした社交の肚《はら》と術《すべ》を練ることによって、いわゆる男を磨いたわけです。

座敷とはつまり、相手と難しい関係にならぬよう、普段から友好関係を築いておくための場所なんです。

芸者の仕事は、その手助けです。百人から集まる大宴会であれ、気の置けない仲間が三人四人で寛ぐ小座敷であれ、芸者の仕事というのは宴の主と客との取り持ちにあるのです。主催者の意を汲み、目の前の客はむろんのこと、まわりにも絶えず気を配り、一座に和気《わき》がみなぎるよう、宴が滞りなく進んでめでたくお開きになるべく働く。これが芸者の務めです。三味線や踊りといった芸を披露することは、そうした一座建立《こんりゅう》のための一手段に過ぎません。だって宴会は劇場の「伝統芸能鑑賞会」ではないんですから。

ところが平成のこんにちでは、敵と味方はのっけから明瞭に線引きされているようですな。意見の違う相手とも胸襟《きょうきん》を開き、盃《さかずき》を交《か》わすことで人物を見定めようなんてことはせず、競合する関係にあると見ればのっけから敵視して、まずは潰しにかかるのが当世です。だから花柳界は衰退したわけですし、芸者の仕事とは何なのかってことが、当の芸者でさえ見失って、唄って踊るのが芸者だと思い込んでいる心得違いが珍しくなくなりました。

だいいち近頃は、男の側の料簡《りょうけん》もずいぶん変わってきました。みなさん、女に会うために銭を遣《つか》わなくなりましたでしょ。相手とナニがしたいというわけじゃなくて、「この才長けて眉目麗しい女に、客として、旦那（後援者）として、大切に扱われたい」ということで大金を散じるオジサンたちが、昔はそこらじゅうにいました。今の三十代の男たちは恋人とレストランで食事するときにも割り前なんですってね。そりゃあ花柳界だって衰退しますよ。

それでね、さっきからわたくし、ちょっと疑問なんですが、「お茶屋遊びがしたい」なんてこと、先方がおっしゃっているんですか。単に貴方が「俺はお茶屋遊びを知っているんだぜ」という自己顕示欲を満たしたいだけなんじゃありませんか。だったらお得意さんを巻き込んじゃいけません。迷惑ですよ、そんなこと。

宴会の心得ごと

ほウ、それは意外ですね。先方が「どうしてもお茶屋に上がりたい」って言うんですか。

それじゃア、立派にお客をしなくては貴方の男が立ちませんね。

ええ、一席持って宴を張ることを、つまり「饗設《あるじもうけ》」ですが、これを昔は平たく「お客をする」と申しました。

ですから、接待する側の主人役である貴方が「遊ぶ」つもりでいては主人の役は務まりませんよ。まず、予約の電話をするときに帳場に細かく客の好みを伝えて、芸者を掛けるならば、客が一人でも、二人か三人は注文しなければ絵にもならないし、実際彼女たちが働くときに用が足りません。

これに加えて余興つまり踊りですね、これはオプションで芸者の数も費用もいろいろですから、帳場にくわしく訊くことです。それこそ段《だん》ものと称する長唄《ながうた》や常磐津《ときわず》清元《きよもと》などの番組だと立方《たちかた》と地方《じかた》を合わせて六人から八人ほどは必要になって人数分の玉代《ぎょくだい》が掛かりますが、豪華には違いありません。

また、小唄ぶりならば地方は一人の弾き唄い、踊りも一人にすれば費用も手軽になるし、あっさり楽しむことができるといった寸法です。

それと、これは心得ごとですがね、芸者の余興のあいだは、たとえ退屈でも我慢して見てやることです。わずか五分か十分のことですから、そのあいだは客同士で喋ることは慎むべきです。

これは芸者へ対する遠慮というよりは、その道の稼業に対する礼儀でしょう。もちろん感服したときには照れることなく褒めてやり、その芸者に直接ではなく女中に祝儀を預けるなどすれば励みになります。

念のためもう一つ申し添えておきますけれども、座敷に芸者が入ったら仕事の話なんてしちゃいけませんよ。それこそ野暮な話です。

十年ほど昔に新橋の古株の芸者が、こんなことを言っておりました。

「昔のお客様はお仕事の話は会社でお済ませになってからお茶屋にいらしたものですけれど、近頃では、私たちがお座敷に出て、乾盃も済み、お膳が出てからでも、深刻なお顔のままでお仕事のお話をなさることが増えました」

また別の芸者に聞いた話ですけれども、宴たけなわとなって酒もずいぶん進んだ頃に、

「実は……」とか何とか、また仕事の話が始まることも当節では珍しくはないようで、芸者という稼業は客の守秘義務が第一で、仕事の話は聞いて聞かぬふりをしなければなりませんから、二時間のお座敷で何も言わないまま帰ってくることだってあるそうです。

俗界の仙境であるべき茶屋の座敷に業務上の話を持ち込んでは艶消《つやけし》しです。その言いたいところを肚の底に秘めて、客のほうでもそれを察して呑み込んで、芳醇《ほうじゅん》な美酒を献《さ》しつ献《さ》されつ、美人をかたわらに置いて打ち解けた清談を交わすところに、妙味があるのですから。

遊びの場での、何よりも愚かな行ない

芸者さんとアフターはできますか——って。フン、未だ表から芸者を掛けたこともないくせに生意気なことを言いなさんな。

ずいぶん先潜《さきくぐ》りの質問で片腹《かたはら》痛いけれども、もちろん芸者と座敷の外で会うことはできます。座敷が終わったあとに銀座のクラブに行くとか、別の日にゴルフに行くとか、あるいは芝居に連れていくとか、あるいはお昼にご飯を食べるだけとか、そういうことはでき

ます。

むろんアフターなんて言い方はいたしません。「遠出」と言います。

料金は同じ時間でも座敷より高くつきます。それから、貴方が期待しているような……。まったく聞いて呆《あき》れますね。開いた口が塞《ふさ》がりません。何ですか。言うに事欠いて、「芸者と恋愛関係になればタダで遠出できますよね？」って。カネが介在する遊びの場で、相手とタダで恋愛をしようなんて、愚かにも程があります。

そりゃアね、世の中には物数寄《ものずき》な婦人もありますから、貴方だってモテることもあり、芸者やホステスと恋仲になることだってあるかもしれません。

しかし、そうなったときにも、銭金《ぜにかね》を遣わずに逢瀬《おうせ》を重ねるなんてことはおよしなさい。なかには、無償《タダ》で遊ぼうなんて不料簡《ふりようけん》の男もありますが、それが首尾よく行ったとしても、それは遊んでいるのではなく、水稼業の女に遊ばれているのですから。

当節はあまり聞かなくなりましたが、花柳界では男たちの種類を、客、客情夫《きやくいろ》、真情夫《ほんまぶ》に区別して接していました。

昔の男は遊びの場所に行ってモテたいなどは思いません。モテることを目指すのは女に可愛がられる情夫いわゆる色男というやつで、これは男として下《げ》の下《げ》の人別《にんべつ》と見なされたものです。

本当の客は買い馴染みの女に惚れたら、金銭を与えて旦那となり、疑似結婚の盃を交わして子を成せば認知し、基本的には一生世話をするのが型となっていて、わたくしなどの世代ですと、そうした二号さんの家庭もそう珍しくはありませんでした。

しかし、今では世間も厳しくなり、男たちの考え方も変わり、税金の件もありで、現在の花柳界ではそうした旦那は極めて稀《まれ》になりましたが、逆に言えばなおのこと、妻以外の婦人と無償で色っぽいことになることは危険だと思うのです。

なぜなら、浮気のつもりが本気になり、そうすると家庭を壊し、仕事にも故障が出てこないとも限らないから。

そもそも、芸者もホステスも疑似恋愛の対象であって、本気で惚れる相手ではありません。また、本気で惚れられたら、彼女たちも困惑するでしょう。まア、その男に甲斐性があって、正式に結婚してくれるならば別でしょうけれども、そうでなければ銭金を綺麗に遣って来てくれる上客であるに越したことはありません。

そのお互いの身を安全に守る装置が、お茶屋でありクラブあるいはキャバクラなどの店であるわけですから、その女に逢いたいときには勘定を惜しまず店に支払っておいたほうが、もし何かの後難《こうなん》が起こったときにも店のほうで処理してくれるでしょう。

とりわけ芸者という稼業は勘定には関知せず、客に呼ばれるときもお茶屋から口が掛かり、その勘定も客から直接貰《もら》うのではなく、茶屋から見番《けんばん》を通して受け取るのが決まりで、つまり、銭金に触らずに済むようにできています。ここが、集金も担当するクラブのホステスとの大きな違いです。

ですから、貴方もさ、お茶屋の外で、タダで芸者に逢う算段なんてするよりは、逢いたければ必ずお茶屋を通すことです。まア、芸者のなかにも客の携帯電話の番号を聞き出して、じかに逢いたがる下値《げじき》なのもありますが、そんなやつはあとで何を強請《ねだ》るか分からない。

まして素人相手の浮気から嵩《こう》じた本惚れがもっと恐ろしいのは、役所や会社のなかで行なわれる不倫とやらの手古摺《てこず》りごとを見聞きしても分かること。

それを思えば、小遣いの範囲で銭を惜しまず店に通い、芸者やホステスと疑似恋愛つまり、かりそめの恋の駆け引きを楽しむほうが四方八方安穏《あんのん》無事で、しかも諸分《しょわけ》に通り者としての修行も積めるというものです。

金を捨てての憂さ晴らし

だいたい貴方、奥さまもお子さんもいらっしゃるじゃないの。青臭い恋愛カブレはもういい加減に卒業したらどうですか。

結婚している男が恋愛なんかしたら女房子供は困りますし、仕事にだって支障が出ます。だいいち、みっともないですよ。いい歳をした、女房子供のある男が恋愛だなんて。

どうも最近の男性は、恋愛かフーゾクかなんて二者択一で物事を考える傾向があるような気がします。ですが、それはちょっと単純に過ぎませんか。恋愛でもない、フーゾクでもない、中間の愉しみ方が日本にはあって、その最後に残ったのが花柳界であり、クラブやキャバクラなのです。

女の人がいるところに遊びに行って、幾許《いくばく》かのお金を払い、ホステスなり芸者なりと束《つか》の間《ま》の恋人気分を愉しむ。つれなくされたり思わせぶりな態度をとられたりして、駆け引きの妙味を愉しむ。それでいいじゃないの。それが余裕のある男の態度です。どうも近頃は、女のいるところに遊びに行くとなると、すぐさまデキたがるやつが多い。

たしかにそうですね、って。貴方のことですよ。

束の間の恋愛気分を愉しんだら、家へ帰ってその分、奥さんを可愛がってください。どうしても女房は嫌だっていうのなら、ご自分一人で解決なされればいい。

花柳界に限らず遊びの場というのは、そもそも金を捨てに行く所です。捨てるから気が晴れるんです。スカッとするんです。

だって、銭金を稼ぐときの不愉快さというものは堪《たま》らないでしょう。しかもたいていは、あんなに苦労したのにこれッぽっちかとか、あるいは貰い過ぎて忸怩《じくじ》たる気分とかで、ちょうど宜いということが少ない。多くても少なくても、他人から金を貰うのは厭なものです。わたくしなど、勤め人だった頃は月給の明細を確かめたことがありませんでした。なんだか、身を売った証明書を見るようでね……。

だから、たまにはそれを気分よく棄《す》てて、身も心も清々《すがすが》しくなりたい、というのはわたくしだけではないと思うのです。そうでなければ、徳川時代の吉原まで遡らないまでも、わたくしがこの目で見てきた新橋や赤坂の花柳界で粋《すい》を利かせた、財界のおじさまたちの遊びざまは説明できませんもの。

王朝以来、日本の男たちが理想とした好《す》き心《ごころ》は粋に窮《きわ》まり、その粋は富を得て全《まっと》うされたと申します。ですから徳川時代に富を得た町人たちは吉原に通い、今様《いまよう》の光源氏に扮することができたのです。

ところが最近は金を捨てて憂さを晴らす男なんて、滅多に見かけません。何にでも対価を求める男ばっかりです。払った金に見合った具体的な何か。それを手に入れないと納得できないという浅ましい人がやたらと多い。

そうかと思えば、四十を過ぎているくせに本気で女にモテようとしているオジサンまで今はザラに見かけます。無茶ですよ、そんなこと。肉が弛《たる》んで、肌にシミが浮いているくせに、自分は恋愛ができると信じられるなんて、どうかしています。

三十五歳を過ぎた男の容姿なんて、見られたものじゃありません。ですから、いくら身だしなみを整えて、髭《ひげ》を生やしてみたり、髪型やら服装に凝ってみたりしても、無駄です。

レストランだとかバーだとか、喰い物だの酒だのにいくら詳しくなっても、やっぱり無駄です。

そんな暇があったら、仕事に励めって話ですよ。どうしても女にモテたいのなら、甲斐性のある男になればいいじゃないの。甲斐性があれば、ハゲでも太鼓腹でも関係ありません。水商売の玄人は大切に扱いますから。

ただ一人、自分を見ている女

男の見た目が美しいのは十九の頃から、せいぜい二十代なかばまでじゃないですか。二十五歳前後までは、多くは甲斐性がありませんからね。だけど、そこから先に真面《まとも》な女が見るのは甲斐性です。顔でも体でも、まして知識なんかではなく、甲斐性を見る。

「結婚相手はこれくらいの稼ぎがある男がいい」

なんてこと、女なら昔から当たり前に考えていたことです。男は男で、自分一人のことだけではなく、縁のある者たちを満足させてやれるほどの働き手になりたいと願ったことでしょう。一人前の男の価値といったら甲斐性だったんです。

ところで貴方、今年でおいくつになったの？

三十七歳ですか。

だったらもう、誰も貴方の容姿は見ていませんね。役者やホストならともかく、並の男の容姿なんて誰からも注目されません。お洒落《しゃれ》をしようが、ダイエットをしようが、ジムに通おうが、無駄な努力です。

だけどもね。

一人だけ見ている人がいます。

誰ですか――って、貴方。奥さんですよ。

亭主がいくら着飾ったところで女房は喜びません。亭主に分厚い胸板になってほしいとか、腹筋が割れてほしいなんて思っている女房なんてのは、そうはいないんじゃないですか。デブだとかハゲだとかそういうことは、口で言うほど気にはしていないように見受けられます。それはお互いさまですしね。

だったら女房がどういう思いで亭主を見ているかといえば、リストラに遭わないでほしい、クビにならないでほしい、つまり職を失わないでほしいということに尽きるのではないでしょうか。亭主のほうでも、もし女房に養ってもらおうと思えば、それはそれでずいぶんと心得も技も要ることでしょうから、まア、地道に職に励むのが一番だと思いますね。

おや。どうしました？

お疲れですか。

今日はもう一時間半ばかりお話しいたしましたかね。珍しいですよ。そんなにも長くわたくしの話に付き合う人は。わたくし、友人によく言われるんです。「君と喋っていると頭が痛くなる」って。

わたくし、自分の同世代の人たちがよく分かりません。考えていること、言わんとしていることが、分からない。それは先方も同じようで、話が嚙み合わないことが多い。自分の一まわり上の世代、一まわり下の世代と話しても、やっぱり嚙み合いません。ですから、親しく付き合っているのは爺さんと婆さんと、そしてずっと年下の若者です。

最近の若者は好いですね。十代二十代の子たちは、昔の若者に比べて何事にもこだわりが少ないように見える。偏った情報を冷静にながめている。いずれそのうち、良い時代になります。わたくし、若者にはおおいに期待しております。

あら、そうですか。このあとにお約束がある。
それじゃア、今日はこのあたりで——。

第二章　食通を気取るその前に

顧客《おなじみ》さん

　このあいだは追い払うように早々に帰しましたから、あとで何だか可哀相な気がしましてね……。

　どうせ今宵は外で夕飯を喰うつもりでこの料理屋を予約していたこともあり、いわば貴方のことは事の序《ついで》に誘ったわけですから、遠慮なしに、どうぞ寛《くつろ》いでくださいな。

　この割烹《かっぽう》店ですか、ええ、もう三十年からの馴染《なじ》みです。

　だいたい、わたくしは旨いもの屋を漁《あさ》って歩くなんていう道楽気はありません。大切な招待《おきやく》をするときはあの料亭かこの板前割烹、逢引《あいびき》はいつものレストランで、友人と中国料理が食べたいときはあすこ、天麩羅《てんぷら》は何処《どこ》、鰻は彼処《かしこ》と決めておいて、あれこれと浮気はしませんから、行きつけの店も指を折るほどしかないわけで。

　それで飽きないんですかって？

　どころか、じつに安心ですよ。だって長いあいだの馴染みだもの、向こうのほうでわたくしの好みも癖も呑《の》み込んでくれて、行けばいつも同じような呼吸《いき》で給仕をしてくれるから――。

と言いますのは、いかに珍味佳肴《ちんみかこう》であっても、わたくしはこれまで食べたことのないものを用心するところがあって、つまり世間の美食家の皆さんのように、なんでも未知なるものを喰い尽くしてやろうという探究心が薄いんでしょうね。ごくありきたりの、自分が喰い慣れているものばかりで満足なんです。

ですから、雑誌やテレビなどで現在評判の、流行《はや》りの店へわざわざ足を運ぶなんてことは為《し》たことがない。

いつも極《き》まって行きつけの店ですから、お人を招待するにも安心で、いつものように落ち着いて振る舞うので失敗も少なく、つまりは自分の家の応接間のような心持ちで接待することができますからね。

また、誰かを急に招待しなければならなくなって、予約を入れたら満席だなんてこともあるでしょう？

でも、これが長年の馴染みであれば店のほうで卓を並べ替えるなどして無理にも席を用意してくれますし、あるいは空くのを待つあいだに待合《まちあい》の腰掛《こしかけ》で一献《いっこん》あずけて繋《つな》ぐなど、自分の招待した客の前で店に木戸を突かれる恥を見せるなンてことがありませんからね、このあたりが贔屓客《ひいききやく》の強みさ。

また、独《ひと》りで行った時にも、こうしてもらいたい、ああしてほしいといちいち説明しなくッたって、いつに変わらぬ扱いをしてくれるのが助かりますよ。

それでも、最初から常連になれるわけではないでしょうって？

分かりきったことを訊くひとだね。そりゃあ、親代々の行きつけがあれば別ですが、若い頃にはほうぼうに出かけてみて、そのうちにコレと見込んだ店が決まったら、もう浮気はせず、何度も足を運ぶわけですよ。

そうしてね、店の主人に向かって喰い物についての知ったふりを並べず、その雇人《やといにん》に対しても横柄《おうへい》なふりをせず、些少《わずか》でも心づけをしておけば、そのうちに扱いが変わってくるのが分かりますよ。

こうなると店から見れば一見《ふり》の客とは違って顧客《おなじみ》さんですから、向こうでも親しみが増すいっぽうで、その客の灸所《きゆうしよ》がどこで、どう扱えば満足するかも分かってくるから、こちらのほうでも癇《かん》に触れてイライラすることが少なくなります。

家で喰うものは悪く凝らない

まア、そんな寸法ですが、たとえば食通本や雑誌の記事に興味を持ち、初めて予約をしようとする場合、その店を知っている知人の誰かに紹介を頼んでおけば、初回でも水臭い思いをしなくて済むでしょう。

あるいはね、職場の上司や朋友知己《ほうゆうちき》の誰かに招待された店が気に入り、これを自分の行きつけにしたいと思ったのならば、その日から間を置かず、ほんの数日後に予約の電話を入れるわけ。そうすると、はい、はい、あの時のお客様でございますね、お待ち申しますてなことで、もう裏を返したことになりますからね、馴染みになる道が付いたという段取りになります。

そんなふうですからね、わたくしは気ごころの知れた、どこまでも我儘《わがまま》の言える馴染みの店の、いつに変わらぬ献立に満足していますから、今更ほうぼうの知らない店を訪ね歩いてみるなどという気にはなりません。

それに料理にしたって、そもそも生《しょう》の知れたものしか食べられないンだもの。

ですから、接待で案内された初めての料理屋で品書きを見る時は、およそ見当のついたものだけを誂《あつら》えますよ。

と言うのも、ひと頃流行った創作料理このかた、それまでは喰わなかった材料を無理から喰えるように仕立てたものがオツだということになりましたから、名代《なだい》の料亭でさえ油断はなりません。いちいち確かめなければ、まったく何を喰わされるか分かりませんよ。

まア、考えてみれば、あの強情我慢なフランス人でさえ、それまでは使わなかった品種《しなくさ》を選んで淡味《うすあじ》仕立てにしてみたり、魚軒《さしみ》風の生ものを賞味するようになって久しいわけですから、充分に火を通した肉や魚にバタをたっぷり使った濃いソースを余るほど掛けた、いわゆる昔ながらの仏蘭西《フランス》料理でなくては腥《なまぐさ》い気がして食べられない、なんてことを言うわたくしのほうが、とんと時代違いになったかもしれませんね。

宅で食べるものですか?

上手に炊いたご飯に、海苔か塩昆布があれば、それで充分です。

はい、そうですよ、わたくしには技倆《うで》のある料理人を雇う金甲斐性《かねかいしょう》も、また、その意《つもり》もありませんから。

たまには何かの汁ものを合わせたり、これに季節の菜を和《あ》えたものや煮しめものを添えるという程度の、いかにも時に応じて無理のない、やすらかな献立で満足しています。

それでも、あくまで日々《にちにち》の総菜ですからね、とくに美味しくなければならない、という必要はない。

家で喰うものは、いつ食べても飽きないということが大切で、それこそ悪く凝らない、いわゆる月並なものが一番です。まあ、これは喰い物に限った話ではありませんがね。

そりゃ貴方、筋の正しい修業をした包丁の玄人が、たしかな品を仕入れて、時間と手間を掛けた料理を、素人があり合わせの材料で遣《や》っ付ける総菜と同じにしては可哀相よ。

料理屋が銭を取って喰わせるものは、技能を認められた専門家が材料を吟味したうえで、それ専用の道具を使って作ることはもちろん、それを供する空間のしつらえにしても、専門家が専門的に工夫して給仕するわけで、作り手と買い手がはっきり分かれております。申さば一種の贅沢《ぜいたく》品なのですから、素人が自宅で拵《こしら》えて自分でも喰う日常品とは違っているのは当たり前なんです。

だから、毎日そのたびごとに美味を求めて快感を得ようなんて思うことからして、ずいぶん冥利《みょうり》のわるいことだと思いますね。

わたくしなんて、昨日は朝も晩も、焼きパンにジャミを塗ったものだけで済ませましたが、そんなことはよくあることさ。

だからこそ、ああ、ひさしぶりに美味いものが喰いたいなと思えば、湯浴《ゆあ》みをして服も着替えて、行きつけの料理屋やレストランへ出かける娯《たの》しみもあるわけで。

そして、その時は銭惜しみをせず、店の者たちには好い客として大切に扱われるように、せいぜい鷹揚《おうよう》に振る舞うことですね。

さア、お銚子が来ましたよ。

一《ひ》ト口《くち》上げましょう、おあけなさい。

貯金なんぞはおやめなさい

遠慮なしに献残物《けんざんもの》もお好きなだけ、お取りなさい。

何ですかって、唐墨《からすみ》、数の子、雲丹《うに》なんかの珍味のことさ。この鱈子《たらこ》の粕漬けも熟《うま》いよ。

こんなものを普段から食べられるようになるためにも、しっかり貯金をしておきたいなアだって？　ずいぶん大きく出たね。貯金が聞いて呆《あき》れるよ。おほほほほ。

貴方、貯金なんてね、金のある人のすることですよ。わたくしどものように、その日暮らしの、微《かす》かに世をわたる者には無縁の道楽さ。

だいたいね、銀行に億と数える額を積んでもいないくせして、貯金などというのが痴《おこ》がましいと言うんです。銀行や信託の支店長から中元や歳暮が届かないうちは、貯金をしているとは言えないね。

それに、今の貴方の理屈では、将来、何かに使うことを前提として、わずかな稼ぎの中から、幾許《いくばく》かの金を除《の》けておくというつもりなのでしょう？

わたくしに言わせれば、それが、そもそもの料簡違いさ。

宜《よろ》しいかね？

貯蓄というものは、金が金を生むということに、言い知れぬ、ある種の官能をおぼえる人たちにしかできない趣味なんです。

そういう人たちは、貴方のように貯めた銭をあとから崩して遣《つか》おうなんて気は、初手《しょて》から、さらさらないものさ。世間の金持ちが美味いものを喰おうとか、贅沢をしようと思って貯金をしていると思ったら、大きな間違いです。

ほんとうの金持ちは遣うことは大嫌いで、銀行の通い帳の数字が嵩《かさ》むことだけに関心があり、それが実現した時のみ、心からの快楽を感じるものなのです。言わば、実生活には何の関係もない、数字上の満足であり、実体のない趣味だからこそ、追求し続けることができるんでしょうね。

けれども貴方などの言う貯金というものは、不測の災厄《さいやく》のために用意してある銀行の預金のことなんでしょう？

それはね、申さば臨時の生活費のことであり、その程度のものは銀行に預けるまでもない、自分の家の小簞笥《こだんす》や掛《か》け硯《すずり》に入れておく筋合いのものです。そんな小銭をＡＴＭに入れたり出したりしては、銀行だって本音を吹けば迷惑にちがいない。

だいたい何です、余命わずかの年寄りじゃあるまいし、三十代の男ざかりでいながら、それしきのものを後生大事に思って、幾《いく》らも利息の付かない通帳の〆高《しめだか》を確かめては、自分には貯金があるから、イザと言う時に安心だなんて思っていては、気持ちに弛《ゆる》みが出て、この先もロクなことはありはしないよ。

えッ、この時代、将来が不安じゃないですか、ですって？

あのね、どんな時代だって、ひとが暮らすのに楽だったことなど、一度もありはしませんよ。誰だって生きていれば、渡世に難渋するのは当たり前、貧乏人も金持ちも同じことです。一寸先《いっすん》は闇の娑婆《しゃば》世界に、多寡《たか》の知れた何百万くらいの銭なんて、職を無くしたり、災害や事故に遭ったりした時には、それこそ焼石に水で、どれほどの役にも立ちはしませんよ。

だいたい今の若さで、貴方、そんな小さい気休めを求めてどうしますか。そんなことより、日々、気を大きく持って、若い男らしく身なりを整え、喰いたいものは我慢せずに腹いっぱい味わい、広い世間の社交も儀礼も心得て、見栄や遊びの場所では銭を惜しまずにきれいに遣うことを心がけて、いつも豊かな気分で暮らすことをお勧《すす》めします。

なアに不安がることはありません。普段から義理を欠かさなければ、不慮の事故や病気の時には、アカの他人でも近くの友人知人が力になってくれますとも。

そしてね、翌月の生活費を賄《まかな》える金額の銭さえ、戸棚の抽斗《ひきだし》にでも突っ込んでおけば、もしも職を失ったとしても、その一ト月のあいだ、なりふり構わず我勢《がせい》に働いたならば、どんな世の中でも飢えることはなく、しぜんと道も開けてくるものさ。

それにつけても笑止なことには、実際には大きな金の遣い方を知らない貴方のような人ほど、とりあえず金が欲しい、世の中は金だなんて、ほんとうは心にもないことを口にしたがるところでね。

大きな金を持たないからって、それほど気に病むことはありません。あればあったで争いごとの苦労は尽きないものだし、親の譲りの遺産を徐々に減らしていく時の惨めさもまた、当の本人でなければ分からないでしょう。

それに、ひとにとって第一の苦しみである老病死は、金持ちにも貧乏人にも等しく訪れるのですから、そのほかの小さい差を並べ立てたところで、実際には大きな違いのないことは、たいてい年齢を重ねるごとに見えてきますからね。

わたくしも若いころから、ひとの浮き沈みはずいぶん見てきたつもりですが、どんな金満家であっても、これが爺さんになると心細そうに見えるのは妙ですよ。

覆《おお》えど争えぬ老いの淋しさを紛らし難いんでしょうねえ、金ではどうにもならない味気なさが顔を曇らせがちになります。

だからさ、金さえあればなんて、若いうちから無益な妄想に縛られては悔やんだり、自信をなくしたりして、それこそ、一生を通じての大損ですよ。

男の盛りは四十五歳まで

ここまで言って聞かせても、不審そうな顔をしていなさるね。

では、うかがいますが、いったいいくらの貯金があれば、貴方は安心なんですか？　有《う》為転変《いてんぺん》の世の中に、金の価値の移ろいも計り知れないと言うのに、将来いくらあれば安心だと決められるのでしょう。

平均貯蓄額とか平均年収と称するものを鵜呑みにして、それと我が身を引き競《くら》べては落胆したり、または慢心する馬鹿らしさ。

ああいう数字を割り出すには、どんな調査を基にしているかは知りませんが、どこまでも数の平均《ならし》に過ぎない目盛りの刻みのどこかへ、千差万別であるべき人生の、まして天下唯一の自身の将来のすがたを嵌《は》めるとは情けない。

じっさい、神のみぞ知る明日について、学者や評論家が振り出す卦《け》など、それこそ「通う千鳥の恋の辻占《つじうら》」よりもアテにはならない、とわたくしなどは思いますが……。貴方もこれからは、顔も知らない誰かが試算した憶測を呑み込んで、むやみに不安がるような他人まかせの生き方はお止《よ》しなさい。そして、もしも何かのめぐり合わせで金に困った時には、それこそ汗みずくになって、我武者羅《がむしゃら》に稼げば宜しいのです。

そこまでしたのに、どうにもこうにもならないのであれば、他人様《ひとさま》に頭を下げて、ひたすら協力を願うことですね。それでも助からない場合は、これはもう、自分には徳も運もないものと、きれいに諦めるほかはないのです。それが娑婆と言うものでしょう。

それほど難しい世渡りに、わずか一年も保《も》たないような貯金など、かえって油断を招くことくらい、もう、貴方だって分かってても好い年頃だと思いますがね、おほほほほ。

三島由紀夫がつねづね周囲の人たちに、男の盛りは四十五歳までと言い暮らしていたそうですが、わたくしも五十も半ばを過ぎた現在、なるほど砂を噛むような心細さの理由はここのところかと、その予言《かねごと》が身に沁みます。

実際、四十五より先に広がる男の心の光景は荒涼として、寒気立《さむけだ》ちするほどにゾッとしますよ。時に、貴方もそろそろ四十におなりでしょ？

でも大丈夫、まだ、間に合います。わたくしのように中 爺《ちゅうじじい》になって、天地間無用の世捨て人と拗《す》ねることのないように、それこそ瞬《まばたき》きする間も惜しんでお勤めなさい。

大地震の予測と同じく、当たった例のないマスメディアの言い草を信じて、要らざる取り越し苦労のなかに浸《つ》かり切ってしまうなんて、せっかくの男盛りがモッタイない。

さア、なにごとも気を大きく持って、まずはその一献を清くお乾しなさい。

おや、冷めたね、熱いのを貰《もら》いましょう。ちょいと。

落ちた話

だんだん納得しそうになってる自分が不安なんですけど……ですって？

そんな無駄口を叩く前に、お膳の物をこぼさないようにお食べなさい。

それも満足にできないで、さっきから聞いていれば、この刺身の鮪《まぐろ》はどこの海を泳いでいたの、やれ出汁《だし》を取る昆布のグルタミン酸がどうしたのと、まッたく呆れるよ。

揚句の果てには、僕ね、時々、家で料理もするんですよ。まずは素材を選ぶことが肝心だから、野菜は有機専門の農家と契約して送ってもらってるんですが、やっぱ新鮮だから、野菜そのものの甘味があるんですよね。それから、僕はこう見えて、鮨《すし》にはちょっとウルサインですよ……って、ほんとうに喧《やかま》しいよ。

安いグルメ番組の口真似など聞かせられて、御溜小法師《おたまりこぶし》があるものかね。だいたいね、若い男が喰い物のことを口に出したがるのはみッともないよ。ひとつの心おぼえとして、食通の本や雑誌を読んだり、料理教室に通うのは結構だけれども、そこから仕入れた受け売りを、いかにも得意そうに喋り散らして、貴方いったい、それが何の自慢になるんです。

貴方ばかりではないが、この節、男のくせに喰い物のことを口にしすぎると、かねがね思っているのです。

また、そういう客も素人なりに詳しくなっていますからね、女将やお座敷女中に膳の上のものについて質問しますので、この節は訊かれる前に説明しておいたほうが無事だというのでしょう、膳を出すとすぐに料理の講釈をするのがレストランだけでなしに、料理屋でも真似をするようになりました。

「こちらはどこそこの何でございます」「三種類の塩をご用意しましたのでお好みでお召しあがりくださいませ」なんてことを、座が盛り上がっているにもかかわらず、わざわざ客の話を遮《さえぎ》ってまで、給仕が説明しますし、たいていの客はうるさいとも思わず、ほう、ほう、とありがたがって聞いている様子です。

わたくしが二十年のあいだ仕えた旧主人は、劇場の社長であるとともに、東京でも指折りの金田中《かねたなか》と言う名代の料亭を経営する、銀座育ちの大通《だいつう》でしたけれども、おうちでお雇いになっている板前などへはご稼業ですから、いろいろとご指示なさっていたでしょうが、劇場においでになってからは喰い物の話題をなさることはまずありませんでした。

これはね、わたくしたち家来にばかりではなく、社長室をお訪ねになるお客様と歓談をなさる時でも、その話題はたいてい、古今東西の美術や文学――でなければゴルフか美女、といったあたりで、まちがえても、どこの店が旨いの、こんな珍味を喰ったのと、そんな落ちた話を聞いたことはありませんでした。

よその料理屋やレストランへ行った時、見慣れない食材が出た時だけ、ごく稀《まれ》に、「これは何かね?」とお聞きになることはあっても、ことさらに蘊蓄《うんちく》を並べ立てるような不行儀なことはなさらなかった。

この旧主人のように、ご稼業がお料理屋であってもこういう風儀ですもの、つい三十年前ほど前の日本の紳士たちの多くは、食味にこだわることを恥ずかしいことに思い、宴会で料理屋に上がっても、刺身と椀のほかは箸《はし》を付けないのが普通でした。

ですから、宴も長《た》けてそろそろご飯が出る頃になると、芸者や座敷女中が膳の上の口取りや鯛の尾頭付《おかしらつき》などをきれいに手早く折に詰め、客の帰る時に持たせたものです。これを「おみ折《おり》」と称し、帰宅した亭主から受け取った主婦は口取りの蒲鉾《かまぼこ》などは煮直して総菜に、きんとんは子供たちのおやつに、尾頭付は潮汁《うしおじる》などにして翌日の食卓の彩りとしました。

また、折に詰める機会の多い芸者は、つまり料理屋の宴会専門であることを示し、その手際のあざやかなことが名妓《めいぎ》の証《あか》しのひとつに数えられたものですが、こうした座敷の光景も、紳士たちが膳の上に運ばれる料理の何から何まで平らげ、あまつさえ食通を任じて材料にまで興味を示す今日では絶えて見られなくなりました。

しかし、露伴が「こちたく肴核《こうかく》を論じ、甚《はなは》だしく美饌《びせん》を求むるは、やゝ俗子《ぞくし》の凡情《ぼんじょう》に近くして、実《げ》に酒客の高致《こうち》にあらざる也《なり》」と説いているように、うつくしくあるべき若い男が、喰い物について喋々するのはみッともない。貴方、分かりましたね。

それを思えば、いやもう、下卑蔵《げびぞう》の流行ることは、実際、おどろくと言うよりも、呆れると言った気味合いで――。

エビゾウ？

違う、違う、成田屋が聞いたら気を悪くしますよ、貴方。とんでもないことだ。帰ったら、字引でもめくりなさい。

そういえば、近頃では「あのひとは、口がきれいだから」というようなことも、聞かなくなりましたねえ……。

は？　それも違いますよ。キレイゴトを言うやつのことではありません。

嗚呼《ああ》、もう、イヤになってきた……。

握りを喰うのに作法なんてありません

ところで貴方。

なんでまた、今日も録音機を仕込んでいるのよ。

まさか貴方、また何かの「企画」とやらにわたくしを巻き込もうって算段じゃないでしようね。

それで何です。今日聞きたい話ってのは。

……食事の作法ですか。

イヤですよ、お他人《ひと》に指南するなんて柄《がら》じゃなし、第一、私は近来流行のマニュアルというものが、何につけ、大のキライだもの。

それにさ、このあいだテレビジョンに出た時、何かを喰うところが映ったら、親類の小学生に「おじさま、お箸の遣《つか》い方が下手だね」って嗤《わら》われたくらいなンですから、おほほほほ。

迷うところがあるのなら、わたくしなどに訊《たず》ねるよりも、本膳の式三献《しきさんこん》ならば小笠原流の門を叩き、懐石について習いたければ茶の宗匠《そうしょう》に習うに如《し》くはありません。飽きず、倦《う》まず、長く時をかけて稽古をしたならば、理に適《かな》って正しい動きが身につくでしょう。

念を押しておきますけれども、肝心なのは「長く」ということです。どんな道であれ、信じる師匠について折々の謝礼も欠かさず、一対一で稽古を続けなければ、何事も身につきません。

というのも、稽古の目的は技術を学ぶというよりは、師の人格そのものを弟子の肉体に移すことなのですから。

それで？

は？

鮨を喰う時の作法って、何だい、そりゃア？

職人が前に付けたら、それこそ間髪入れず、指で摘《つ》まんで、透《す》かさず口に放り込むことですよう。

それだけですかッて、貴方、手廻《てまわ》しの早いのが取り柄の握りを喰うのに、ほかに何があるのさ？

誂える順番なんてのも、その時に喰いたいと思うタネを好みで誂えりゃあ、好在《よござ》んしょ。天婦羅だって同じです。目の前に出されたら、客同士で長々と喋ってなんかいないですぐに喰う。

箸の先を汚さぬよう

それだけですかッて？

それだけですよ。

そのように不足顔をするのは、今流行りの蘊蓄《うんちく》とやらを期待していたようですが、握りや天婦羅などの手軽な喰い物では無理な相談、貴方、お門《かど》違いでしたね。

ありようは、お茶事《ちやじ》で千鳥《ちどり》の盃《さかずき》をするンでもあるまいし、安直《あんちよく》を身上《しんじよう》の、鮨や天婦羅や蕎麦《そば》を喰うのに、何の込み入った式と作法があるものかね。こうした飲食店に行ったら、さっさと喰って長《なが》ッ尻《ちり》をさえしなければ、店の者に悪口を言われないだけのことさ。

蕎麦ですか。

何の面倒もありはしない、盛りのおもてから、ほんの三筋《みすじ》ばかりを手繰《たぐ》るだけだもの。あのようにするのも、たんに見かけの上のことではなく、山のように頬張《ほおば》るよりは、ふしぎに旨く感じるものですからね。

さァ、盛りの蕎麦でなければ種物の、花まき、おかめ、鴨南蛮、天婦羅蕎麦などと品は変わったところで、どれも丼《どん》ぶりを抱えて喰うのに違いはなく、それを貴方、まさか正面を除《よ》けて吸い口を向こうへ廻《まわ》すような、そんな宗匠《そうしょう》めいた口伝《くでん》でもあると思っていたのかね、ほほほほ。

ただね、蕎麦を吸う時には、噺家《はなしか》が見せる仕方ばなしの真似をするのは考えものですよ。あれはあくまでも、寄席《よせ》の高座《こうざ》で誇張して見せる仕種《しぐさ》のひとつであり、わたくしどもが実際に喰う時に、まるで音を大きく聞かせるのがイキだと言わんばかりに、ぞろぞろと音を立てるのは滑稽です。

もちろん、蕎麦を手繰る時に限らず、器に唇を当てて汁を吸う、あるいは啜《すす》ることは、わたくしども先祖代々の食事の特長で、これを矯《た》めるべきではありませんが、しかし、あたりを憚《はばか》らず、大びらに音を立てることは慎むべきで、なるべく静かに啜り、吸うことを心がけたいものです。

それは器を膳に置く時も同じで、音を立てないよう、指の先を添えて置きます。もっとも、これには器物を壊さない、傷つけない用心も兼ねています。

貴方のご希望である鮨や蕎麦についての作法らしきものは、数え上げてもそれしきのことで、なにも難しいことはありません。

しかし、これが本膳の会席あるいは茶事の懐石の膳に向かう場合、洋食でも古風な仏蘭西料理の食卓につく作法となると、なかなか面倒な心得ごとがありますから、親が教えてくれなかったのならば、若いうちに作法指南所へ謝礼を携《たずさ》えて習いに行くか、あるいは上等のホテルで給仕のアルバイトをするべきでしたね。

なぜかと言って、西欧の作法書を看《み》ると、その大半は給仕の方法について教えているくらいで、昔の貴族の子弟は少年の頃に他家へ行儀見習いに出たそうです。わが国でも女子に関しては行儀見習いのために、しかるべき上流家庭へ小間使いとして、無給で奉公をすることが珍しくはありませんでした。

え？　もう今から間に合わないから、それほど本格的な作法じゃアなくって、もっと簡単な心得を教えろと言うんですか？

まアね、つけ立てを喰うだけの握りの鮨に作法があると思い込んでいた貴方ですものね、好在《よござ》んす、一番大切なことはね、和食でも洋食でも食べた後の器を綺麗にして返すようにおしなさい。

と言うことは供されたものは残さずに食べ、汁も吸い切り、ソースも麵麭《パン》でぬぐい取り、骨の類は器用に外して脇へ片づけるといった具合に、つまりは食べ散らかさないようにすることです。もし、食べられないものがあるなら、献立を見た時にあらかじめ伝えておくべきですし、旨くなかったら逆に、きれいに残すようにしたら如何《いかが》ですか。

そこには、器を下げる給仕の眼もあります。天地の恵みや作った料理人のことも考えなければなりません。器を汚さないってことは、どんな料理の時でも必ず気をつけるべきでしょうね。交《ま》ぜっ返したままでは、その人の普段が見透かされます。

この心得については和洋も同じで、料理の位取《くらいど》りによって異なることはありません。

それと、和食に関しては器の持ち方、箸遣《はしづか》いなど、細かくみると流儀によって違いもありますが、わたくしの経験ですと、箸の先を汚さぬように心がけていれば、取りこぼすこともなくなりますし、なによりも傍目から見ても美しく、整った一連の流れのなかで、食事を無事に済ますことができるようです。

ええ、それはおっしゃるとおり。箸の先を汚さないようにすることは、思いのほか容易なことではありません。ですからやはり、我が家で独りの食事をする時でも、背筋を伸ばして膳に向かうという心がけを忘れてはいけませんね。

まして貴方は子を持つ身ですもの、しつけをするにあたっては、なにごとも普段が大事と心得るべきです。

リビングルームのソファーにもたれ、半《なか》ば仰向けになりながら、テレビを見つつ飯を喰らうなんて家庭からは、いくら金を貯《た》めていようとも、将来の紳士淑女は育ちません。

本道の心得

そのほかにも、ですか？

そうねえ、誰かと一緒に食卓を囲んだ時、苦手なものが供されても、「僕はキノコが苦手！」とか「わたしは鳩の肉は食べられないの！」なんて強い調子で発言することは、大人であるならば慎むべきでしょうね。

もちろんこれも作法というほどのものではない、ごくあたりまえの、いわば常識です。もし、喰いたくないものが出てきたら、目に立たないように、そっと除けておくこと。これからみんなで食べようとする料理にケチをつけたら、相客《あいきゃく》が不愉快ですからね。

これはなにも喰い物に限った話ではなく、自分の好き嫌いをことさら口にしたがるのは品がわるい。もっと言えば、子供じみていて見苦しい。貴方だって、よほど尊敬する人物の言うことならばともかく、さまでなき人の好悪《こうお》の情なんて、どうでもいいでしょ。

それがこの頃の世相では、喰い物の話題には限りません、なにかと言えば自分の好き嫌いを声高に主張する人たちが多い。

なにもかも十人十色《じゆうにんといろ》の単純な好悪の情に過ぎないのに、これがもっともらしく形を変えて、政治向きの話題の時には正しいか正しくないか、公衆道徳に関する時には良いか悪いか、ひとの容姿をながめる時には美か醜か、芸人を評する時には上手いか拙《つたな》いか……。

イヤそのうるさいこと、やかましいこと。

世の中には喰わずぎらいもあることを知らないでは、ものを見る眼が狭苦しくなり、笑止な見当外れも多くなる、ということをご存知ではないらしい。

おや、またしても生欠伸《なまあくび》を噛みしめたね。

察していますよ、じつは貴方が知りたがっているのは、ワインを味見する時の指遣いであるとか、酌のあいだに盃洗《はいせん》で清める呼吸なんてものなんでしょう。

ですが、そういった心得ごとは実際に場を踏むほかはありません。

そうした道に堪能な老成者の振る舞いを聞知《もんち》したうえで、初めのうちは恥を掻《か》くのを覚悟でいろいろと試すなか、おのずから身につくものです。たとえば、ワインの銘柄や歴史に詳しいのがご自慢だって方が、食事中にナプキンで口を拭《ぬぐ》わず、グラスに脂《あぶら》のついたまま「どこのシャトーの、何が何して」と講釈なさるのを見たとしたら滑稽でしょ。

あやふやな、ざっとした、およそ一般論ばかりの記事やウィキペディアで仕入れた豆知識ばかりをお頭《つむ》に詰め込んだところで、滅多に躰《からだ》は動いてはくれませんもの。それならユーチューブで確認するさ、とおっしゃる人もあるかもしれないが、動画というのは影ですからね、その場の空間の距離感がつかめず、よっぽど勘の良い天稟《うまれつき》ならばまだしも、やはり自在に仕《し》こなすまでの稽古を積まなければ、当座に臨《のぞ》んで手も足も出るものではありません。

わたくしも若い時分は、おおまかで、根本元義《こんぽんげんぎ》を説く年寄りの教えがもどかしく感じられ、すぐさま役に立ちそうな細かい知識——当世流に言えばマニュアルですか——を得ようとして、作法書の類を読み漁《あさ》ったものですが、じっさいには役に立ちませんでしたね。

それが浅はかだったと気づいたのは三十になるやならずの頃で、当時のわたくしに語りかけてくれたお年寄りたちの教えのいろいろは、つまり複雑さの極まった単純さであることが分かったのです。

なにごとも基本的な稽古を積んで、実地でさんざん恥を掻いたのちに読めば、その道の達人の書いた作法書の細目《さいもく》にも理解が及ぶのです。つまり口伝の書ですからね、稽古を積んで分かるようになった者にのみ、分かるように書いてある。

ということは、門外漢や初心の者がいくら読み込んで暗記したところで、それは机上の楽しみに過ぎず、じっさいには役には立たないわけです。

そういえば貴方、今年でおいくつになるんですか。

前にも聞かれたって？　そりゃア、他人のことだもの、忘れるさ。

三十七ですか、はーん。

それなら、もうそろそろ本道に目を向けないといけませんね。

清潔と不潔

ついでだから申しますけれど、最近の若い人たちは髪の毛を触りながら喋ることが多くなりましたね。今まで毛先を弄《いじ》くり引《ひ》ンまわしていたその指で、そのまま喰い物を摘《つ》まんで、口に入れて、平気な顔をしているやつもいます。

ことに女の子は、近頃は顔が小づくりになったせいか口も狭くなったと見えて、喰いついたものを人前でも平気で指の先で押し込みます。そうすると、口の端《はた》に喰いこぼしが付くでしょう。それをどうするのかって見ていると、こんにちは男女に限らずハンケチを持ちませんから、指の先で唇のあたりを擦《なす》ったかと思うと、その指を嘗《な》めるというところは、まるで猿山のありさまを見ているようです。

それからもうひとつ、どうも近頃は手を鼻や口のあたりに持っていく仕種をする人が目立ちます。昔はそんなこと、不行儀とかそういう話以前で、不潔なやつだと嫌がられたものですけれどね。

身なりに気を遣う人ってことになると、昔より増えたように感じられます。湯を浴びて体臭を気遣う人も多くなりました。だけど、「自分は清潔にしている」という安心からか、毛髪とか唾液に対する注意がおろそかになっているような気がしてなりません。

当節は「外はカリカリ、中はジューシー」なんていう生焼けのような肉を好むようですね。アレはよもや喰って毒ということはないのでしょうけれど、わたくしは嫌ですね。生焼けだなんて。皮膚をよく洗って清潔を心がける人たちも、その一枚下で無数に蠢《うごめ》く種々《くさぐさ》の菌については案外ノンキです。清潔とか不潔といったことの感じ方が、変わってきたのでしょうかね。

時に貴方はどうです。ハンケチを持つ習慣はありますか。

持ってます——って、それはハンケチじゃありません。ハンドタオルと言うのかしら、呼び名はよく分かりませんが、とにかくタオルです。

それはね、もう十年ばかりも前になりますか、高校野球の「ハンカチ王子」が汗を拭《ふ》いていたのが、貴方が今しがた鞄《かばん》から出したものと同じ品種《しなくさ》です。まったくねえ、ハンカチ王子だなんて誰が名づけたか知りませんけれど、あの呼び名が通ったんですから、世間の人たちもハンケチを持たなくなったに違いありませんね。

なるほど彼みたいな運動選手なら炎天下で汗を拭《ぬぐ》うのにはタオルのほうが便利でしょう。

だけど運動選手でもない大人の男がタオルを持ち歩くのはどうかと思いますよ。

ええ、そうです。

紳士ならハンドタオルではなくて、ハンケチを持つべきです。できれば、白麻のハンケチが宜しいと思います。

昔の紳士が持つハンケチといったら白麻と決まっていました。替わり色や縫取《ぬいとり》のあるものは婦人が使うもので、男が用いては気障《きざ》だと永井荷風が何かの随想で書いていましたが、実はわたくしも恥を掻いたことがあります。

ハンケチは白麻で

学生の頃、おじさま方に鮨か何かをご馳走になったとき、おしたじを膝にこぼされたので、わたくし咄嗟《とっさ》にハンケチを出したンです。そうしたら――。

エ、おしたじって、分かりませんか。

醤油のことです。

だけど貴方、さっきからどうなのさ。御溜小法師って何ですか、盃洗って何ですかのと、いちいち話の腰を折らないでほしいね。そのために録音機を回しているのなら、家に帰ってから字引をめくるとか、インターネット検索をすればいいじゃないの。相手の喋る言葉の意味を無邪気に問うて咎《とが》められないのは、せいぜい高等学校を卒業するまでなんじゃありませんか。

これなども決して廃語ではありませんよ。この語に限らず、未だ一人でも遣《つか》っているうちは、死語だなんて決して言わせない。

で、何の話でしたかね。

ああ、そうでした。

ハンケチの一件ね。

わたくしとしたら、おじさまの膝を拭おうとしたのですが、電光石火の間もあらばこそ「きたない」と、差し出したわたくしの手を払い除けられました

それは木綿に青のチェックを織り出したハンケチで、きれいに洗ったうえに、伸《の》しをかけていたものです。ですが、色の付いたハンケチは洗い立てかどうか分からない、だから他人様からみれば「きたない」。

ありがたいことに、わたくしはその時、「男の持つハンケチは白麻でなければいけない」と教えられたわけです。それを思い出すたびに、その時の冷汗は、今もなお乾かない気がしますが、若いうちは、このような恥ずかしい思いを何度もしながら、ひとつずつ、おぼえることです。

考えてみれば、上等のレストランのナプキンは今も紋織りの白麻ですものね。アレは西洋の型なのでしょう。近頃のレストランでは木綿の、しかも色を染めたナプキンを見かけることも多くなりましたけれど、そんなところの料理がおいしくないとは言わないけれども、少なくとも正路《しょうろ》を忘れているとは言えるでしょうね。

だって西洋に限りません、茶の湯の点前《てまえ》に用いる茶巾《ちゃきん》も白い奈良晒布《ならざらし》が型で、客の前に持ち出す時には、未使用で潔《きよ》らかだということを表わすために、わざと片側をふっくらとした輪になるように畳む習いなのですから。

というわけで、話はだいぶ遠回りしましたが、詰まるところ食事の作法については、亭主と客、そして相客同士、お互いに不愉快なことのないよう務めることに尽きます――。

あ、もうひとつ思い出しました。

相客がある席では、自分だけが早くならないよう、あるいは遅れないよう、みはからいながら箸を進めたり、休めることですね。

ことに、ご婦人よりも先に食べ終わるようなことはしてはいけません。これは料理屋やレストランに限らず、鮨、天婦羅、蕎麦といった飲食店でも同じことです。

聞きたくもない料理に関する蘊蓄を傾けるのに夢中になって、相客が箸を置いていることにもお構いなしに延々と喋っている、などという作法以前の不体裁は食通にも似合わない。

おや、ちょうど水菓子が出ましたよ。

女将《おかみ》さん、車を二台、そう言って――。

第三章　そんなに「伝統文化」が大切ならば

これも時の災難、粗忽《そこつ》でしたことなら是非もなし

いや、今日は助かりました。

昼過ぎに起きてパソコンを立ち上げた途端、音もなく画面が真っ暗になった時は、わたくしの目の前も真っ暗になりました。

ただ脂汗が出てくるばかりで……というのは原稿の締切が週明けで、すでに九割方は仕上がっているのだけれど、ここでパソコンが壊れて今日まで書き継いできた原稿が烏有《うゆう》に帰《き》すような次第になったら——とか何とか、悪い想像をしてオロオロしているうちに、「あっ」と貴方のことを思い出したんです。

ありがとう。

これはね、実にその些少ですけれどもお礼のしるしです。

いえいえ、遠慮なさるほどの額じゃアないから、ここは淡泊《あっさり》と納めてください。

えッ？

これはまた、油断のならないことを言い出したね。

そこへ付け込むように、今度は貴方から、いったい何の頼みごとですか？

しかもだよ、「歌舞伎について教えてください」だなんて面倒なことを……。

たしかに若い頃から、銀座の芝居小屋に勤めたせいで、芸のあれこれに囲まれて、ああした世界に馴染《なじ》みはありますよ。

でもね、舞台を鑑賞して、分析して、批評して、解説するようなことを所望ならば、ご免なさい、わたくしは真《ま》っ平《ぴら》だから、よその物好きの門を訪ねておくれ――。

と、言いたいところだが詮方《せんかた》がない、今日は急場を救ってくれたには違いがないのだしするから、さア、鞄《かばん》に隠している録音機をお出しなさいな。

かぶき芝居は良い席で

最初に言っておきますが、かぶき芝居に詳しくなったところで、なんの自慢にもなりませんよ。

ええ、ほんとうです。

まア、かぶきに限らず、芝居というものは通になればなるほど変になる。

しかし、とりわけかぶき芝居は、贔屓《ひいき》役者と交際し、幕内の事情に通じなければ、そのほんとうの妙味は分からない——といったところがあります。

つまり、相撲なんかと同じで金の掛かる道楽ですからね、かねがね貯金をしたがる貴方には不向きだと思うンですがねえ。

実は来月、歌舞伎を見に行くことになりまして——って貴方。ああ、切符を取りたいんだね。

そんなことならば、お安い御用だけれども、わたくしを通して買うと、かえって高く付きますすよ。つまり知り合いの役者の番頭から取りますから、良い席を押さえることができる分、祝儀を出さなければなりませんからね。

あら。

切符はもうお取りになった。

三階ですか？

歌舞伎座は実に好《よ》くできておりましてね、大向こうまで音が徹《とお》ることで知られていますが、見物するのに三階はやはり遠いにはちがいなく、舞台に立つ役者の眼遣い、息遣いをはじめ、仮髪《かつら》のかたち、衣装の柄《がら》、道具立ての飾り付け、出道具などの細かいところが見えません。

かぶき芝居の見どころは、役者や裏方の細かい工夫です。その工夫を見るには、香盤《こうばん》に示された「と・ち・り」のあたりを取らなければ、ほんとうの好さは分からないようにできています。

香盤というのは座席表のことです。以前の歌舞伎座の席は「いろはにほへと」の順でしたから、つまり、七・八・九列ですね。その正面のあたりは最も見やすく、また、舞台の役者からもこちらがよく見えますから、恋人に逢《あ》うつもりで見物する本来のかぶきのお客にしてみれば、贔屓役者に見られるという意味で嬉しいわけですね。

しかし、こうした良い席を取るためには、早い者勝ちの運任せになりますでしょう。ということはつまり、いくらかの会費を払ってでも、特定の役者衆の後援会に入っておくほうが、結局は世話がないわけです。

さらにまた、そこの番頭さんに好くしておけば、見やすい席を按配《あんばい》してくれるでしょうし、見物する当日に何かの事故で急に行けなくなった時でも、そこは上手にはからってもらえるはずです。芝居に限らず遊びの場所では、普段から渡しておく心づけが、イザという時に効果を発揮するものですからね。

心づけ

おっしゃるとおり、それは一種の保険とも言えましょうね。何か思いがけない事態に直面した時に助けられるわけですから。

とりわけ、このような見栄の場所で世話をしてくれる人たちへの祝儀は、そのたびごとに渡すことが大切です。つまり祝儀、心づけというのは、特別に何かをしてもらった時に渡す謝礼とは異なります。同じ人が顔を見せに来たら、必ず渡すようにする。こうなると嘘でも、お互いに情が通い合いますもの。

祝儀で気をつけなければいけないことは、同じ人に上げたり上げなかったりすることです。顔を見たならば、なにをしてくれないでも、必ず、渡さなければならない。

ですからね、その金額はわずかでも宜しいのです。

役者の番頭衆は別にしても、料理屋の玄関番の男衆や座敷女中衆、あるいは行きつけのホテルの黒服へは、わたくしなど、いつも千円札一枚と決めていますもの。その場合、たとえ一枚でも、新札であるというのがせめてもの礼儀です。

いいえ。

わたくしは千円や五百円を袋に入れたりはしません。なぜって、貴方。たったそれしきの心づけを、わざわざ「榛原《はいばら》」や「平《ひら》つか」で誂《あつら》えた手摺《てず》りの袋なんかに入れたりしたら、それこそ気障《きざ》ですよ。

ああした和紙の散財袋《さんざいぶくろ》に入れるのは、まア、五千円紙幣から上に限りますね。ええ、銀座ではそう言いましたよ。今ではポチ袋なんて呼びますが、あれは関西から来た言い方です。

千円札一枚の心づけは、わたくしはいつもむきだしのまま渡しています。二つに畳めば手のひらに包んで渡せますからね。そうしますと、主人のしつけの好い家の人たちほど、それはさりげなく上手に受け取るものです。

紙に包まずに渡した時に、いやに気取って、わざと困惑したような顔で「イイエ、こんな」なんて言うのは、かえって三流どころに多い。だって、心づけと言うくらいで、別に金で頬《つら》を張るわけではないのですからね、わるく遠慮するのは横風《おうふう》さ。こちらも、それで身上《しんしょう》を潰すほどの出費ではなし、お互いにわずかな銭を介在して和気《わき》が通じるのですから、こうした習いは絶やしたくないものだと思います。

また、近頃ではあらかじめサービス料を設定するような図々しい勘定があたりまえになったこともあり、一般には心づけも減るいっぽうのようですから、その珍しくなったところを遣《や》らなければ嘘で、実践すれば奏功確実、昔の通人《つうじん》の言うところの生きた金を散らさなければ、梨園《りえん》や花街《いろまち》で愉快な遊びはできないというものです。

男が独《ひと》りで芝居見物だなんて

ところで貴方。

当日一緒に出かけるご婦人が誰であれ、心得ておかなければいけないのは——。

あら。

独《ひと》りで行くんですか。

駄目でしょうかと聞かれれば、駄目ですとは申しません。何事も移り変わっていくのが世の常ですから、「これは駄目だ」なんてことは軽々に口にはできません。しかし、男が独りで芝居見物というのは傍《はた》から見ても寒々しく、なんだか色気がないのでねえ。

大の男が独りぼっち、小さくはない鞄《かばん》を普段着の膝に乗せたまま、序幕から打出《うちだ》しまでの数時間のあいだ眼を凝《こ》らし、解説書で仕入れた知識に照らして熱心に鑑賞する、というような知識ある方面の好劇家も現在は少なくはないから、貴方もまア、それで宜しいンじゃアありませんか。

そうして幕間《まくあい》になれば劇場内の食堂へも行かず、客席か廊下の椅子に陣取って、コンビニか何かから持ち込んだ握り飯やサンドイッチを、手づかみであんぐり一《ひ》ト口《くち》に頬張るのを見かけますが、学生じゃあるまいし、かぶき芝居の御見物らしからぬ振る舞いは、それこそ紳士たる御仁体《ごじんてい》にもかかわるでしょう。

もし、男でありながら、かぶき芝居を見ようと言うのならば、当日は奥さんを連れて——あいにく独身ならば恋人ということになりますね、それも持たない場合には芸者衆かホステスに祝儀を付けて誘うほかはありませんが、ともかく、そうした女たちに芝居を見たいとせがまれて、俺は仕方なしに覗《のぞ》きに来たと言う風にとりつくろう見得《みえ》があっても宜しいように、わたくしなどは思うのです。

そうして後援会の番頭衆から札《ふだ》を買って心づけを渡す時に、役者への楽屋見舞を託して席につき、贔屓の役者の出し物を見たならば、さっさと劇場をあとに、奥さんや恋人あるいは美女を連れて食事そのほか素敵なところへ座を移すと言う寸法のものでしょう。

ですから、わたくしなどは、かぶき芝居を見物するのは年のうちに二度か三度、よほど見たいと思う時に限ります。だって、毎月の替わり目ごとに出かけては、あんまり贅沢が過ぎるでしょう、それこそ冥利《みょうり》がわるいもの。

ええ、もちろん、なかには興行師から招待される新聞雑誌に雇われて記事を書くひとたちの、その真似をする好劇の士も、なかにはあるんでしょう？ でもねえ、月のうちに昼夜二度ずつ、しかも幾《いく》つかの小屋を見て廻るなど、よほどの銭を持たないでは、なかなか続かないのではないかしら？

そうなると、贔屓役者に祝儀を出すどころか、遠い席から舞台をながめるということにもなりがちなのでしょうが、なにも、そこまでしなければならないものかしらねえ……。

そうかと思えば、親がかりの学生ならば詮方《せんかた》がないが、廉《やす》い席にも平気で座り、しかも小屋のなかで幕の内弁当ひとつも食べないんじゃあ、興行師や役者にとっても、あんまりありがたいお客様とは言えないのではないかなア……。

くりかえすようですが、かぶき芝居は教養のために鑑賞すると言うよりは、昔から役者を愛する色好みの婦人や蕩児《とうじ》の心をそそることで続いてきた、ひとつの贅沢品ですからね。

もし、自分は好劇家であると思うのならば、そして、「日本の誇るべき伝統文化である歌舞伎を守りたい」と願うのであれば、ほうぼうの劇場を無償《タダ》で見て歩く記者の真似をして自分免許の理屈を並べるよりも、興行師にも小屋にも贔屓役者にも、それ相応の銭を遣ってやることが、かぶき芝居の命を永らえさせるというのが本当ではないかしら。

時代離れ

とは申すものの、そんなふうに考えるわたくしのほうが、今の世間から大きく離れているのでしょうよ。

近頃は芝居行きには限りません。海外旅行や温泉旅行など、物見遊山にまつわるテレビ番組には必ず「お得な遊び方」なんて見出しがつくありさまですからね。前にも貴方に訊きましたけれど、浪費の楽しさなんて言われてもピンと来ませんでしょ。

ああいうのを横目でながめていると、以前の男たちのように、じみちに稼いだとは言っても罪の多い銭金《ぜにかね》ゆえに、ごくたまには遊びの場に出かけて、派手に捨てることで気持ちが晴れた時代とは異なり、遊びの場でも小さな得をしたがる料簡《りょうけん》の男のほうが増えたんでしょうから、貴方などがそう思うのももっともです。

しかし、「お得な遊び方」を心がけていては、遊びが遊びではなくなって、かえって仕事に責められている時の気分になるのではないかと心配をするのは、わたくしのほうが時代離れであって、これに賛成するひとは少ないでしょうね。

「歌舞伎の解説書で先生が最も素晴らしい一冊だと思う本は何ですか」

って何です、だしぬけに。

もしかして貴方。

「日本の伝統文化を知っておかなければ恥ずかしい」

なんて動機で芝居小屋へ出かけるつもりですか。もしもそうだというのなら、悪いことは言いません。およしなさい。

だいたい貴方、かぶき芝居というのは新劇や現代演劇と違い、ぞっこん惚れぬいた役者を見に行くものだったんです。「平成の歌舞伎ブーム」なんてものが到来するその前は、好きな男の声や顔に見惚《みと》れながら、その芸を玩味《がんみ》するものだった。

今の客だって本当のところはそうなんでしょうが、昔の芸者衆や奥様たちのように芸の素養がありませんから分かりませんし、まして「わたしゃ、あの役者を見ると買ってみたくなるわ」なんてことは言いにくい。かといって黙って見ているだけじゃ気が済まないのかどうか、かぶき芝居の観客のあいだでは、今どきの劇評家による印象批評の口真似が流《は》行《や》るらしいことは、ブログなどからおよそ推《お》し宛《あ》てることができます。

それに乗せられて、好きな役者ができたわけでもないのに、「俺も歌舞伎を勉強しておこう」なんて気になったのだとしたら臍茶《ほぞちゃ》の至りさね、およしなさい、およしなさい。

伝統芸能が好きな俺が好き

「わたくしは伝統芸能が好きで」

などと、しおらしい言い立てをしながら、世間の目褄《めつま》を掻《か》い潜《くぐ》り、本当のところは役者の色気に惹《ひ》かれ、悩ましい思いで劇場に通う婦人客こそ、かぶき芝居の見物の本格にちがいありません。

徳川時代このかた、このような色気本位の観客あるいは役者と、いわば同業者であり後援者でもあった芸者たちによって、かぶき芝居は支えられ、ほかの伝承芸能よりも遥かにめざましい殷賑《いんしん》ぶりを伝えてきたわけです。

ところがね、平成の〝歌舞伎ブーム〟以来のことですよ、それまでの花柳界関係の見巧《みごう》者《しゃ》や、反対に何も知らずにバスで運ばれて来る団体客に代わって、〝芸〟と言うよりも、〝歌舞伎〟と言う〝演劇〟あるいは〝伝統芸能〟を見ようと言う観客で埋まるようになったのは。

そこを見越した啓蒙家たちの親切ごころで、芸が分からないでも、なんとなく納得できるような、かぶき芝居の見方も提供されました。ひとつは中村屋式の江戸幻想を下敷きとしたテーマパーク的な見せ方。もうひとつは古典《ありもの》の浄瑠璃、かぶきの台本を近代的に解釈して、その役々の心理を分かりやすく、嚙み砕いて解説してくれる劇評でありました。その伝でゆけば、たとえ昔の作者がそのつもりで書いたかどうかは別にしても、芸に対しては目途《めど》の立たない今の観客にはすんなりと理解ができますし、それなりの知的好奇心を満たすことも喜びであったことでしょう。

どうせ……と言っては失礼ながら、芸が分からずに、かぶき芝居を見るとするならば、そうした解釈を通して見るより、仕方がありませんわねえ。そのようにして育てられた知識ある方面の好劇家は婦人よりも、男のほうが多いようですね。

しかし、伝承芸を見たり聴いたりする喜びは、それを演じる人の技術を通して、その人の情の波瀾《はらん》、精神の閃《ひらめ》き、いのちに触れることではないでしょうか。

舞台で扮《ふん》する役の人生というよりは、それを演じる役者自身の人生に触れることが、傑《すぐ》れた芸に接する時の仕合《しあわ》せだと、わたくしなどは思います。観客席から舞台を眺めていながら、まるで自分も舞台の上で一緒に演じているようなつもりになって、その役者の演じる役に我が身を重ねるところに妙味があり、喜びがある。それは鑑賞というような客観的な水臭いものではなく、同じ芸の嗜《たしな》みを媒介として、役者と観客とが無条件の共感を分かち合う愉楽《ゆらく》にほかならないと思うのです。

ですから、わたくしなどにとっては、舞台と客席のあいだには隔《へだ》てがないのです。ところが平成以来、伝承芸の素養ではなく、机上の知識を持ち出して、劇としての意味を探ろうとする人たちが増えてきて、わたくし、最初は首を捻《ひね》りました。どうしてそのように、何でもかんでも知覚しようとし、思考したがるのか、ただただ不思議でした。だけどそのうち、だんだんと分かってきたんです。そういう人たちの心のなかには「伝統芸能を好きな俺が好き」というような傾きが少なからずあるらしいことが……。

このあたりが、少年の頃から歌右衛門に魅入られ、そういう一人息子を危ぶんで芝居を見ることを禁じた親の目を掠《かす》めながら、已《や》むに已《や》まれぬ思いで劇場に通い続け、ついに劇場に勤めることとなった親泣かせのわたくしなどには理解できないところだと感じるのです。じっさい、劇場を辞めた今でも芝居を見に行く時には、親に対して申し訳のできないような、忸怩《じくじ》たる気分がよみがえるくらいですから。

いずれにしましても、知識だけではかぶき芝居なんて分かりません。古今の劇書を読み漁って博覧強記《はくらんきようき》、たとえ机上の劇通になったとしても、その道に関する稽古を積まず、また役者たちの生活を知らないでは、ほんとうのことは分からないのです。

また、そんなものが分かったところで何の役にも立たないことは、さきほど、貴方にも申し上げましたよね。

しかし、芸が分からないまま知った顔をしようとすれば、その芝居の主題であるとか、小面倒な筋などへと興味が集まるのは仕方のない話でしょう。そうした解釈論から昔の玄妙なる悲劇を割り切るのなら、そこで納得していれば宜しいとも思います。だけど、そういう人たちに限って、本で仕入れた知識の多さ、あるいは舞台を見物した数の多さを恃《たの》んで、あの役者は上手いの拙《まず》いのと言いたがるのは可笑《おか》しな話です。

ええ、そうです。

たとえ何十年のあいだ見続けようと、芸の上手い拙いは分かりません。能に狂言、浄瑠璃芝居に至るまで、その道の稽古をしなければ、それぞれの芸についてはまるで分からない。

なるほど、芸にまつわる書物を読んで知識を増やせば、その理屈は分かるかもしれませんよ。ですが、自分の身の内に入るほどの稽古をしていないのなら、実感が伴いません。そもそも、その道の稽古を積んだ人なら、他人の芸についての巧拙は言わず、その良し悪しに注意するものです。

稚拙な芸が悪いとも限らないし、その反対に達者で安っぽいという例もあります。このあたりは見る側のほうでも芸の素養がなければ分からないし、また、その世界の生活を知らなければ感じることのできないところです。

まして貴方、能を見ても拍子を知らず、浄瑠璃を聴いても曲節《きょくせつ》が分からず、かぶき芝居を見ても居どころの見当のつかない人が、あれは名人だの、あいつは下手だのと言うのは、単なる好き嫌いに諸解《しょげ》諸註《しょちゅう》を付けただけの話ですよ。

歌舞伎座の囃子《はやし》部屋から聞こえる三味線の二が下がろうが、三が上ろうが気にもならない人たちに、芸のことが分かるはずはないのですから。

油断のならない客

昔話をしますとね。

つい三十年ほど前まで「と・ち・り」で見ていた常連と言えば、たいていは役者の後援会に入っている奥様だの芸者といった女連《おんなれん》でした。彼女たちの多くは、娘時代から唄浄瑠璃や舞踊の稽古の一つもしていましたから、芸を見る眼も耳もありました。

なおかつ当時は、一流どころの名妓《めいぎ》たちも健在でした。新橋や赤坂の婆さん芸者たちの多くは、舞台の上の大歌舞伎の役者たちと同じ師匠について、若い頃から修業をしていましたから、役者を見て良ければ誉めるし、悪ければ直接あれこれと故障を言ったものです。御曹司《おんぞうし》を叱りつける、なんてことも時にはありましたよ。

「そんなにうるさいことを言うなら、お前さんがやってみろ」

と言われれば、役者と同じくらいに、あるいはそれ以上にできる老妓《ろうぎ》もいましたから、これは役者衆には難儀《なんぎ》な話でしたね。だけど、そうした油断のならない客が「と・ち・り」にずらりと顔を並べていたおかげで、芸の水準も保たれていたように思われます。

とはいえ、役者に故障を言うほどの見巧者は「と・ち・り」に陣取っている、ごくわずかな客だけでした。その他の客のほとんどは、大型バスに乗せられて訳も分からぬまま連れて来られた、団体のお年寄りたちです。そうしたお年寄りのみなさんは、舞台の役者の顔を番付と比べて眺めているだけの、お楽しみといったら幕の内弁当という客でした。むろん、そうしたみなさんは芸のあれこれなど分かっていなかったし、また分かりたくもなかったでしょうね。

つまり当時は、芸が分かるごく少数の客と、何を見せられてもまったく分からない大数の客があったわけですが、それでも不思議なことに、舞台の名優が妙技を見せたその時には何の申し合わせもないのに劇場内が渾然一体《こんぜんいったい》となりまして、その感興《かんきょう》の表出が相和《あいわ》したものでした。

今にして思えば、当時は敗戦後にかぶき芝居をよみがえらせた世代の、歌右衛門をはじめとする名優たちが揃って老境に入った時代でして、それぞれ円熟して深厚な芸の位《くらい》をみずから確かめるように演じていました。そうした昭和の暮れ方の舞台を見ていると、渋さの中にも芸の気合で圧倒されたものです。

ところがね、今から思えば不思議なことに、客の入りは薄かった。ふりかえって見上げる二階席がガラガラ、なんてこともよくありましたよ。興行成績というのは、必ずしも舞台の良し悪しと一致するものではないようですね。

芝居小屋の珍光景

その後は本当に芸の分かる観客のほとんどが亡くなり、それまで興行を支えていた団体客も減り続けて、さあ、これからどうなるかと危ぶまれた時期もあったようです。

それが平成の世になって、勘九郎を名乗っていた頃の中村屋がテレビのトーク番組を始めた頃から、新規の観客がだんだん増えてきました。それまでの人生で一度もかぶき芝居を観たことがなかった人たちが、窓口で券を買って芝居見物をするようなった。つまりはよく言われるように、中村屋が「歌舞伎の裾野《すその》を広げた」わけです。それと同じ頃、澤瀉《おもだか》屋《や》のスーパー歌舞伎がおおいに評判を取っていたこともあって、婦人雑誌やテレビが「歌舞伎ブーム」なんてことを言い出しました。

中村屋や澤瀉屋が工夫を重ねて目新しそうなことをして見せたのは、かぶき芝居に未知なる客を集める手段だったわけですが、ありもの——ちょうどこの頃から澤瀉屋が新作に対して「古典」と呼ぶようになったと記憶します——つまり、丸本物《まるはんもの》や世話狂言の蒸し返しものを並べる月には、薄情なほど客が来ませんでした。それが「歌舞伎ブーム」なるものの現実だったわけですね。

ただしそうは言っても、バスで連れて来られる団体客に代わって、「とりあえず歌舞伎を鑑賞しよう」と思いついて実際にやって来る人たちが増えたのは事実です。歌舞伎座が毎月かぶき芝居を掛けるようになったのが、たしか平成五年ではなかったでしょうか。

ええ。

それより前の歌舞伎座では、かぶき芝居は毎月掛かっていませんでした。

先ほども申したとおり、名優が素敵な芝居を見せていた時代でさえ入りは薄くて、時には新派が掛かり、盆には三波春夫《みなみはるお》などの歌手芝居あるいは松竹歌劇団のレビュウ、師走は大川橋蔵《おおかわはしぞう》が藤間紫《ふじまむらさき》を上置《うわお》きの芝居など、一年のうちの二月《ふたつき》か三月《みつき》は、かぶき芝居ではないものを掛けていました。

それが平成の「歌舞伎ブーム」のおかげで、歌舞伎座では一年中かぶき芝居が掛かるようになり、国立劇場や新橋演舞場はもとより、その他の小さな小屋でもかぶき芝居を打つことが増えました。そうした公演を支えたのが、雑誌やテレビの宣伝文句に釣られた新規の婦人客であったのは確かです。

やがてふと気づいた時には、芸というよりも「歌舞伎という演劇」を見ようという客、あるいは「伝統芸能」を見ようという客で小屋が埋まっていました。

それからまた、むやみに面白がろうとする客が増えましたね。それはそうなるように仕向けた筋があるのでしょうが、なにがなし騒々しいものになった気がしてなりません。

大雑把なことを申すならば、まず拍手の音がうるさくなりました。端役《はやく》の出入りにいちいち手が来るのはもちろん、幕明きの空舞台《からぶたい》で万雷の拍手という珍光景も今では珍しくありません。

当今の観客は、かぶき芝居を見に来ているのに、初手《しょて》から笑おう、笑おう、と構えているふしがあります。新作はともかく、江戸伝来の浄瑠璃かぶき芝居のほとんどは悲劇であり、昔は芝居に行くことを「泣きに行く」と言ったそうですが、舞台の上で死んでゆく役者と、自身の人生を重ねながら、寂しい浄土の光に照らされたのが、昔の観客だったのでしょうね。わたくしなど、今でもそうなのに、なにかと言えばゲラゲラ笑いたがる最近のおばちゃんたちに聴かせてやりたいよ。

理屈より銭

「歌舞伎の伝統を守らなければならない」

といった言説を耳にすることが増えたのも、やっぱり平成になってからのことですね。その平成も四半世紀を過ぎた当今、「伝統芸能を守れ」といった声は、どうかすると昭和の頃よりも大きくなっています。

じっさい、わたくしの少年時代を思うと「伝統芸能は愚かしくも封建的だ」と近代主義の立場から冷笑あるいは嘲罵《ちょうば》する進歩派の文化人の声のほうが大きかった。ですから、平成になって井上ひさしが中村屋のために歌舞伎座の台本を書いたときには驚いたものです。でも、どうでしょうかねぇ、今では守るべきだと、当たり前のようにおっしゃる皆さんも、もっと言えば、かぶき芝居が興行であることを忘れているんじゃないかって気配がある。

なるほど、かぶき芝居は「日本の伝統芸能」のひとつでしょうが、実際には松竹株式会社という民間企業の「商売もの」にほかなりません。ですから、かぶき芝居を後世に遺したいと思うのなら、せいぜい一等席の場代を払い、松竹さんを儲けさせてやるのが一番簡単です。

劇場の食堂で食事をし、廊下で土産も買って、芝居ぜんたいへ銭を撒《ま》かなれば、ああした世界は成り立ちません。古調を重んじる立場であればあるほど、もっともな理屈を言うその前に、銭を遣うべきです。まずは自分の懐から、進んで喜捨《きしゃ》すべきなんです。それが唯一、あの世界に生きる人たちを永らえさせるための手段です。

あるいは役者の誰かを好きになったらば、後援会に入って、番頭さんへ祝儀を切って、懐が暖かい時は楽屋見舞も言付《ことづ》けることです。

それを言うと、「チケットは買っていますから」なんて不機嫌になる人がありますが、本当に惚れたならそれで済む話じゃありません。贔屓の役者が出し物をする時は、物好きの友人知人を誘い合わせてまとめて買ってやるのが当たり前です。のみならず、その役者が生活に窮した時には面倒を見てやろうという気分がなくては、かぶき芝居のような贅沢品と付き合ってゆく面白さも味わいも薄くなるんじゃありませんか。

それでも松竹抱えの梨園、あるいは大阪が面倒を見ている文楽などは恵まれているほうで、能、狂言、唄や浄瑠璃、舞踊など、ほとんどの伝承芸能は、その昔から後援者の保護を仰ぐ、いわゆる旦那持ちの稼業であり、封建的だと批判されてきた家元制度を続けるほかに活計《くらし》を立てる道はなく、それは今でも変わらないです。ですから「伝統芸能を守るべきだ」と言うのであれば、彼らを生かすために銭金を惜しむべきではありません。

正月の本義

「伝統芸能」だの「伝統文化」といった言葉がやたらと取り沙汰されるようになったのは、わたくしたちの暮らしの中で昔から伝承されてきたいろいろな型が、ついに消えてなくなってしまう前触れなのかもしれません。

極端なことを言うようですが、正月だってそのうち実体がなくなるでしょうね。おそらく今の八十代の人たちが絶える頃には、寺社は別としても、古風な信仰を保つ人たちを除いては、単なる一月になるだろうと、わたくしは見ています。

まさか——とおっしゃるけれども、だったら貴方の家でどんな鏡餅を供えているか、言えますか。コンビニやらスーパーで買って来る、あのパカッと開ける鏡餅で済ませているんじゃないですか。

ほら、やっぱり。

昔は鏡餅ひとつをとっても、それぞれの地域、それぞれの家の信仰の型がありました。海のもの、山のもの、何をどのように飾るのか、細かく見れば違いがあった。そしてまた、それにはそれなりの由来が伝えられていました。だけど今は、それがすっかり分からなくなっています。

現在わたくしは五十五歳の中爺《ちゅうじじい》ですが、故郷の同級生たちに訊いてみても、自分の家の鏡餅は何を飾るのか、答えられる人は稀《まれ》です。五十五といえば孫があってもおかしくない年頃だけれども、自分が知らなければ子に伝えているはずがなく、彼らの孫の世代になった時には、わたくしのふるさと独特の洗米《せんまい》を半紙で包んで添える鏡餅は消えているかもしれません。

年末年始に家族うち揃って外国へ保養に出かける人などは、年神様《としがみさま》をお迎えしてご馳走をお供えすることを忘れている、というより、もともと知らないのですから、祝うべき正月の本義はすでに失われています。

百貨店やネットで売る有名店のお節《せち》料理ですとか、氏神《うじがみ》よりはパワースポットとして有名な寺社の初詣《はつもう》でなど、商売と上手に結びついているものはわずかに残るでしょう。だけど、正月といったら単なる長期休暇だということが常識になる日は、そう先の話ではないと思うんです。

みなさん「伝統文化は大事だ」と大きな声でおっしゃるわりには、自分の家に伝わってきた、地道な暮らしの中から苔《こけ》むすように形を成して引き継がれてきたものを、消極的ながらも打ち捨てています。そのくせ、やれ国宝だの国技だの、それぞれの家の暮らしとは関連の乏しい名物については大切だと口では言い、何年か前に文楽が問題になった時にも、そりゃア、行政が守るべきだとおっしゃる。

すべては他人事です。まるで、アテにはなりませんね。

親子兄弟の間のお世辞

話はまたちょっと飛びますけれど、もうずいぶん前から「子供たちのために」と言うのが世間の口癖になりました。だけど一方で、子供たちのために自分の家に伝わってきたものを教えましょう、という話にならないのは不思議としか言いようがありません。

その家に独自の年中行事を続けることで、男の子ならどこかピンとして姿が良くなります。女の子ならば取り回しに気が利《き》いて、綺麗に見えるようになります。

なぜかと言って、たとえ小さくとも、その家々の儀式ですからね、厳《おごそ》かに行なわれますし、優美でもあり、さらには暴力的なところもあるのが子供たちには嬉しいに違いありません。

だから、貴方には突飛な話にも聞こえるかもしれませんが、年中行事は子供を大きく成長させるものです。一年のうちの節供《せっく》の折々、普段とは異なる式と作法で、季節ごとのお膳を囲んで先祖代々にお辞儀をさせれば、子供心にも晴れがましい緊張を覚えます。節供の準備を手伝わせるなかで、子供なりに一人前になったような、大人めいた喜びも感じることでしょう。

そういう盃《さかずき》ごとを覚えさせたり、挨拶《あいさつ》の口上を覚えさせたりすることで、子供は家族の中で、自分以外の目を意識するようになるはずです。この気持ちを正しく唱導《しょうどう》してゆけば、人を人らしく扱う心構えと嗜みを身につけるための稽古が、まずは家族それぞれを相手に積むことができます。そうするうちに、人前に出ても堂々と、しかも謙虚に振る舞えるようになるでしょう。幼い頃からそうしたしつけをしないでは、男の子は美丈夫《びじょうふ》に、女の子は別嬪《べっぴん》になることはできないと、わたくしは思いますね。

年中行事を大切にする心がけがあれば、生活に抑揚《めりはり》も出ます。

春の宵《よい》に内裏《だいり》を飾り、端午《たんご》の菖蒲冑《しょうぶかぶと》に邪気《じゃき》を払い、七夕の五色《ごしき》の糸に願いを掛け、菊の着《き》せ綿《わた》の香も高く、名月に畑の幸を供えて福徳を祈るなど……季節ごとの風流を手取り足取り教えれば、書物からは決して得ることのできない、しめやかな情愛が子供に沁み込むことでしょう。

年中行事は旧暦で行なうほうが、気候的にはしっくりして、衣装が汗ばんだり、寒さを堪《こら》えることも少なくて済みます。あくまでも古風に、そして家に伝わる習いのあれこれを、貴方の親類のなかで最も長老の、なろうことなら九十以上の方に今のうちに問い合わせて記録を取っておくことでしょうね。それを貴方の子供衆に教えておくことが、何よりも確実で大切な伝統文化の保護です。

それにね。

たまには家族のなかでも折れ目切れ目をはっきりさせておかないと、子供の気が弛《ゆる》みがちになります。どうかすると、締まりのないまま社会に出ることになる。

とりわけ血と血とで濃く繋《つな》がった親子だけの核家族においては、昔のような社会性が無くなりましたから、家のなかにも他者がいるという感覚は、親がちゃんと演出するべきですよ。

そんな家族は息苦しくないですか——と貴方はおっしゃるけれど、家族の間に折れ目切れ目のないほうが危い。あまりに境目がないままに密着している家族の中でこそ、甘えが苛立ちと憎しみに変じるなどして、時に大きな悶着《もんちゃく》が起こるのではないですか。親子兄弟のような、遠慮が途切れがちになる関係の中でこそお世辞が必要になるとさえ、わたくしは思っています。

だって貴方、家族で角目立《つのめだ》つと、のちのちまでの深い禍根《かこん》になりますよ。どうしても喧嘩できない相手なんですから、お互いを人らしく扱う心がけが大切です。

そうした美しいしつけをせずに育てられた人間が広い世間に出てくると、これはもう迷惑と言うよりほかはありませんから、どうか貴方にも家庭でお子さんを仕込んでおかれることを願いたいものです。

雨意雲情《ういうじょう》

ご要望のかぶき芝居からだいぶ話がズレました。

今さらこう言っては無責任かもしれませんが、ここまでの話はみんな、時節外れの無駄事ですから、聞き捨てにしたほうが無事です。

まして貴方、かぶき芝居が好きなお仲間の前で、わたくしの口真似などしちゃいけませんよ。

なぜって、言うまでもありません。そんなことをすれば顰蹙《ひんしゅく》を買います。お仲間とうまくお付き合いをなさりたいのなら、それこそ大書店の「歌舞伎コーナー」で買ってきた本を読んだほうが、よほどタメになります。

いえいえ、まんざら皮肉じゃありません。わたくしのような敗残者の口真似などをして、得なことなどひとつもない。

おや、雨催《あまもよ》いの空あいになってきた。

宵にかけてはずいぶん涼しくなりそうです。昼時の日差しも、近頃はだいぶ和《やわ》らぎまして、ようやく好い季節になってきましたね。

そんなわけで、わたくし、これから湯を浴びて出合《であい》にいきます。

約束をしていたのでね。

貴方と違って、わたくしは独り者です。ちょちょげまちょげが遠ざかると、神掛かりをしたようで、頭がふらふらする時がある。

「一体ぜんたい、どういうことなのか、さっぱり分かりません」

貴方も苦労が足りないね。

「欲ト情トノワカチハ、欲ハタダネガヒモトムル心ノミニテ、感慨ナシ。情ハモノニ感ジテ慨歎《がいたん》スルモノ也《なり》。恋ト云《いう》モノモ、モトハ欲ヨリイヅレドモ、深ク情ニワタルモノ也」ってのがあるね、本居大人《もとおりうじ》の『排蘆小船《あしわけおぶね》』だよ。

粋な浮世《うきよ》を恋ゆえに、野暮に暮らすも心から、アア、コリャコリャ、てなところだね。

これ、お土産です。

坊ちゃんと奥さんへどうぞ。

では左様《さよう》なら——。

第四章　「大人の男」と見られたいなら

おとなの資格

いきなり小言ってのもどうかと思いますが、わたくしにやたらとメールを送りつけるのはやめてもらえませんか。昨日見た美術展の感想だの、おとつい聞いたニュースの寸評だの、どうしてわざわざ、そんなことを書いて寄越《よこ》すんです。どうしても人に言いたい話があるのなら、新聞に投書でもするがいいやね。

とんでもないこと。

そういうのをご機嫌伺《きげんうかが》いなんていうものかね。

字引を引いてみれば一目瞭然でしょうが、ご機嫌伺いってのは相手の近況を尋ねることです。相手の安否を尋ねることです。

「お気先《きさき》はいかがであらっしゃいますか」と言うのが最上級。なにしろ、そのかみの宮中において、侍従が天子様に申し上げる時のもの。

え？　小説で見たンだよ、長田幹彦《ながたみきひこ》が書いているのを憶《おぼ》えているんですよ。あたりまえじゃないかね。

だいたい、貴方のメールは自分の近況を書いているだけじゃないの。この際だからはっきり言いますが、わたくし、貴方の近況に何の興味もありません。

ただ、まあ――。

自分本位の反論をしないところは貴方の取《と》り得《え》ではあります。

それと、貴方はお世辞を使います。「勉強になりました」とか「目からウロコです」とか、そういう聞き飽きた、誰もが言う、工夫のないお世辞を連発するのはどうかとも思いますが、それでも言わないよりずっとマシです。

まして今日は結構なお土産まで頂戴《ちょうだい》しました。教えてほしい話があるってのなら、小半時《こはんとき》あまりなら教えましょうと、そういう気持ちでおります。

だけどね。

大人の男とはいかなる存在ですか――なんて質問は、取りようによっては、チョッと厭味《いやみ》じゃアないかね。女房子供を持つ貴方のほうが、よっぽど大人です。

娶《めと》らず、子を生《な》さず、いわゆる人生の責務から逃げ続けたすえの利己心の残骸にすぎません。

謙遜じゃありません。わたくしは年老いた幼童《ようどう》だと自覚している。

未婚のまま死にますと、一人前の霊とは認められず、他界へ行く資格を与えられないので、賽《さい》の河原へ寄せられて、小児の霊に混じり、石の塔を積まねばならないと、折口信夫《おりくちしのぶ》が説いています。独身者の葬送のおりには、骸《むくろ》に頭陀袋《ずだぶくろ》を下げさせて、そこに花をいっぱい入れてやると書き留めています。やさしくも、哀しい話ではありませんか。

それにね、わたくしに限らず、鰥夫《やもお》はうッかりすると、すぐに薄汚くなるから怖ろしい。若い時には美男でも、初老を迎える頃には古画《こが》の半ば破れたものを見る如《ごと》く、もっと悪いのは錆刀《さびがたな》の鞘《さや》の無いようなものだと書いたものを読んだことがあったっけが、あれは誰の文章かしら……。どうしても思い出せないね、そろそろ耄碌《もうろく》がはじまっているらしい。

それで、お尋ねは何だったけ？

ああ、大人の男ね。

そもそも、おとなというものは、今のような戸籍上の年齢で成人と認められたわけではなく、中世後期の村落における代表者あるいは実力者をさし、誰もがなれるという役ではなかったと聞きます。

その昔は、おとこになるのも、おんなになるのも、所属する団体に決められた課題を果たさなければ、その資格は与えられなかったわけですね。

ですから、それを無事に通過できれば、役目を与えられ、髪型や衣装も変わった名残《なごり》が、現在も和服の振袖《ふりそで》と留袖《とめそで》の違いなどにうかがうことができます。

それを思えば、わたくしの少年時代すなわち昭和四十年代頃までは、そうした段階を踏んで役目につき、歳を重ねた年寄りたちの姿がまだ見られましたよ。

当時の年寄りと、今の年寄りのどこか違うかといえば、まず、外見が大きく異なります。昔の爺さんと婆さんはそこに都鄙《とひ》の差こそあれ、髪型も服装もおおよそは同じでありましたが、現在の年寄りたちはそれぞれ思い思いの恰好をしていることからも、彼らは父親あるいは母親であっても、そこには何々家の父あるいは母という役目の意識は薄いことが分かります。

その世代の別は、大正生まれと昭和生まれとにあり、男で言えば旧制高校の卒業生の世代までは、厳しい通過儀礼を経て自治組織の一員となり、その後も努力を重ねて地域に貢献し、その功と人格を長老たちに認められて、円満なる大人の資格を得ることができる——といった道筋のあった頃に生きた人たちでしたし、村にも若者宿《わかものやど》などの合宿所があった。

敗戦から日本国を立て直したのも、明治末から大正までに生まれた男女であり、その世代が彼《か》の岸へと旅立たれたのが昭和の暮れ方からでしたからね、昭和天皇の崩御《ほうぎょ》によって世代交代があらゆる分野で決定的なものになりました。

そう考えますと、昭和にかわる平成の世の衰退の理由はもとより、その頃から、いわゆる大人らしい顔つきの日本人を見ることが、めっきり少なくなった理由も、何の矛盾もなしに、すんなりと納まりがつくというものです。

昭和二年生まれの亡父が「俺たちの三年上級から上の人たちは、それは立派だった」とひとりごとのように漏らしたのを、今も忘れることができません。

それにはわたくしも実感があり、昭和の暮れ方の銀座界隈《かいわい》で、いろいろな面のご教示をいただいた財界の紳士や花街《いろまち》の名妓《めいぎ》たちのご立派で、おそろしく、慈悲もあり、当時二十代の若輩であった身にはありがたく、おおいに暗黙の教えを受けたことは確かであります。

その思いの強さから、平成改元の直後にどなたも誘い合わせたように永眠に就《つ》かれた時の、わたくしの喪失感は限りなく深く、じつは今でも尾を曳《ひ》いていることを告白します。

子供顔の大人たち

そうしたことを、ざっと目見当《めけんとう》で申さば、平成このかた日本人の顔が変わりましたね。何が変わったって、男が子供の顔になりました。子供が禿《は》げて、皺《しわ》だらけになったという形状《かっこう》です。

それで思い出すのは、亡父は七十を超えた頃から恍惚《こうこつ》となり、八年のあいだ介護を要する身となりましたが、最後の頃はわたくしが倅《せがれ》であることも分からないほどになりました。入院先の病室で、瘠《や》せた腕をさすってやりながら、試しに「岩下さんには、一人息子さんがおありでしたね」と問いかけてみると、父は穏やかな笑顔をわたくしに向け、「いいえ、おりません」と答えるので、「たしか、尚史《ひさふみ》さんではなかったですか」と名前を出してみると、ふたたび、にこやかに笑いながら「さア、知りませんねえ」と応《こた》えたのでした。

この話を友人たちにしたところ、たいへんに同情してくれたものでしたが、わたくしとしては、父が一切忘れてくれたことに、しんじつ、ほッと骨がぬけていくような安堵《あんど》をおぼえたのでした。

何しろ、大学を出してもらったのに、芝居小屋なんかに勤めるようなことになり、入社したことを母に電話で告げた時、父が「もう、あいつのことは忘れた」と言ったと聴いておりましたし、なによりも家督の惣領《そうりょう》であるのに孫の顔を見せられなかったことは申し訳の立たぬ思いでいましたからね。

その後、退院をして宅に戻った時、居間でテレビを見ていたわたくしの顔を、じっと見ていた父がおもむろに「いつまで経っても、おとなの顔になりきれない」と一ト言《ひこと》、しずかな調子で言うのが聞こえました。驚いて父を見ると、なにごともなく、いつもの恍惚のひとでありましたが、たとえ梅の古木《こぼく》のように冷えかじけても、わたくしにとって父は亡くなるまで怖かった。

その子供顔のわたくしが申すのも失礼ながら、昭和生まれの男は八十代であっても威厳がない。政財界にも文化芸術界にも見当たらない。現在九十代のおとなたちとは全然ちがいます。

それどころか貴方、これがわたくしと同じくらいの中爺《ちゅうじい》になると、反抗期の中学生のように語尾の声が裏返るのもあるンだから堪《たま》らないよ。とくにテレビの評論家に多いね。

顔や声ばかりでなく、その気質が幼稚な年寄りもたくさんいます。国会中継をながめていますとね、「お前はバカだ」「バカって言ったやつが、もっとバカだ」なんていうようなホームルーム育ちの演舌馬鹿《えんぜつ》が、平成の連立政権ができた頃から伸《の》してきたでしょ。

それにしても、あんな馬鹿に投票する馬鹿も多いってことだから、次の世代交代のあるまでは、しばらくのあいだ、是非ないこととあきらめるほかはなさそうですよ。なにしろ、あの世代というものは数が多いからねえ。

年寄りが若者を真似てどうする

これは大学の教員なんかに多いのですが、学生の言葉遣いを真似する中高年の男がいるでしょう。あれはいけません。

ことに、イントネーションのそれなどは滑稽というよりも、聞くに悲しく、やるせないものです。

だって、頭が禿《は》げてきて、皮膚が弛《たる》んできたら、若い者を指導して、たしなめるのが務めでしょう、それなのに若者の真似なんかして、痛々しいだけですよ。

そのいっぽうで、年長者というものは若者に懼《おそ》れを感じるものです。

「若木の下では笠をぬげ」なんて諺《ことわざ》もあるくらいで、じっさい、わたくしも、年下の男にはずいぶん気を遣いますよ。

「かなわない」と思うこともあるでしょう。だけどそれは体力とか美貌に限った話です。人間の内容は年寄りが勝ってなきゃいけません。劣っていたら恥ですし、これまで苦労して生きて来た甲斐もありません。言葉遣いというのは人間の内容に属することなのですから、そこで若者を真似るなんて、愚かとしか言いようがありませんね。

年寄りというものは、学殖《がくしょく》と経歴と稟質《ひんしつ》とを以《もっ》て、これと見込んだ若者を導き育てることによって、みずからの精神を清新溌剌《せいしんはつらつ》たるものにするのであり、若者に媚《こ》びる素振《そぶ》りをちょっとでも見せた時には、イケ図々しい青二才に踏みつけにされかねません。

まして、外見上の若作りなど、すればするほど枯れ損なった、不潔な、重々しい老醜《ろうしゅう》が目立って馬鹿にされます。

昔はまた隠居の制度というものがありまして、みずから後継者を指名して、家の代表権と財産を譲ることで、老後を養わせる契約を結んだものでした。

一旦《いったん》、その契約を交わしたあとは、後継者の経営には一切口を出さず、寺社詣でなどの銭金《ぜにかね》の掛からない趣味を楽しみ、養生に努めたと聞きますが、これも求めて認められる資格のひとつであり、そう思うと、昔の人たちの血に甘えることをしなかった、現実的な老後生活のありようも理に適《かな》っています。

しかし、こうした考え方は現代の年寄りたちには受け入れられないでしょう。彼らにとっては人生における資格の取得より、個人という観念が何より大切なのですから。

借金をしてでも、食事を抜いてでも

そういえば貴方、坊ちゃんが今年、小学校に上がるんですってね。

いろいろ物入りでしょうけれども、親なんですから、安物で間に合わせようなんて考えちゃ駄目ですよ。ランドセルから鉛筆ハンケチに至るまで、無理をしてでも良いモノを買ってあげなきゃいけません。持ち物が他の生徒よりも惨めなことほど、子供にとって嫌なことはありません。

口でどんなに立派なことを言って聞かせたって、子供はすぐに忘れます。貴方、自分が六歳とか七歳だった頃の親の説教なんて覚えていますか。何も覚えてないでしょ。

だけども小学校に上がった時に買ってもらったクレパスとか筆箱はどうです。弁当箱や水筒はどうです。どんな形で、どんなデザインだったか、ありありと思い出せるんじゃないですか。

ですからやっぱり、服でも靴でも自転車でも、坊ちゃんにはうんと良いモノを買ってあげなくちゃいけません。「ウチは貧乏だから我慢しろ」なんて言っても、子供には通じませんよ。子供は望んでその家に生まれたんじゃないんですから。借金をしてでも、食事を抜いてでも、上等な品を買っておあげなさいな。

外食だって毎週ファミレスに行くぐらいなら、年に一度でも、晴れがましい食事をすべきです。親子で正装して、黒服の給仕がつくようなところへ行けば、子供なりに緊張していろいろ学びます。入学式とかの年に一回でいいんです。残りの三六四日は家でごはんを食べてりゃいい。せっかく外食をするのなら、それを特別な行事にしてみたらどうですか。

ウチはお金がなくて、年に一度でも高級なレストランには行けません――ってのは、お父ッさんが怠《なま》け過ぎです。その勤めは、稼ぐことです。子供を抱っこして公園をうろうろ歩き回る暇があるなら、もっと働いて甲斐性を見せてほしいものです。

実《みのる》くんと勇《いさむ》くん

小津安二郎《おづやすじろう》監督の『東京物語』ね、あすこに出てくる中学生がいますでしょ、実君《みのる》。あれが生意気で、その憎たらしさの気味合いが、いかにも敗戦直後の少年らしく思われます。昭和二十八年の作品ですから、実君は昭和十四年前後の生まれで、小学生の時には教科書を墨で塗り潰したことのある、同情すべき男の子です。

はるばる尾道《おのみち》から上京した祖父母に対しても、自分の部屋を取られたといって癇癪《かんしゃく》を起こし、母に向かって「なんだい、僕の机、廊下に出しちゃって。じゃア、僕、どこで勉強するンだい、試験あるンだぞ。ちぇっ、ねえ、じゃアしなくッたッてイイんだね、アア、楽ちんだ、アア、ノンキだね」てな調子ですし、日曜に家族で出かけるつもりが父の急用で取り止めになればなったで、つまんねえやいとプリプリし、祖父母の前も憚《はばか》らずに母に当たり散らして、そこらの物を投げつけたりします。

弟の勇君《いさむ》は小学校の一年生か二年生。兄のすることを真似たがり、行儀のよろしいほうではありません。

祖父母は倅夫婦に遠慮して、孫を叱りはしませんが、正直なところ、可愛いとは思っていない様子です。

小津映画と言えば、昭和七年の『生れてはみたけれど』にも、親に反抗する子供が出てきます。だけど『生れてはみたけれど』の子供たちは、勤め人のお父さんが社長の前で太鼓持ちみたいなことをするのを見て悔しがり、また情けないと思って、親に逆らうんです。『東京物語』の子供たちとは反抗する理由がまったく違う。反抗の仕方も違う。

こちらの子供は大正生まれで、現在まで健在ならば九十幾つ。

実君は昭和生まれの、そろそろ八十になる頃。勇君は七十になった頃。

さて、この実君の世代が五十代に差しかかり、あらゆる分野で指導的役割を担いはじめ、親たちの時代を否定して、変革することにのみ忙しく、勇君の世代が引き継いだところ、その理想が見るも傷《いた》わしき崩れ方をしたのが、今も続く平成という時代であります。

第五章　執着を離れなさい

電話嫌い

前にも申しましたがわたくし、電話が苦手なんです。

かけるのも嫌だし、出るのも嫌。

だって前触れもなく、脅かすように音が鳴るでしょ、あんな無作法なものはありません。

ですから、今日に限って貴方からの電話に出たのは、まったくの偶然です。家の電話が鳴ったその時、咄嗟《とっさ》に出てしまったのは、魔が差したとしか言いようがありません。

「助けてください」

なんて、突然言われた時はギクリとしました。これは銭金《ぜにかね》を融通してくれって話に相違あるまいと直感的に思って胸がさわぎました。「ああ、やっぱり電話は迂闊《うかつ》に出るもんじゃない」って。

いえね。

わたくしのような素寒貧《すかんぴん》は、銭金の相談をされても、どうすることもできません。だけど貴方、「金を融通してください」ということを言ってくる相手の心情を慮《おもんぱか》れば、言下《げんか》には断れないでしょ。

そういう厄介な相談ごとが何の前触れもなく持ち込まれるのが、電話という通信手段の恐ろしいところで、だからわたくしはなるべく出たくないんです。用があったら、メールでお願いしますね。

さて、それで――。

貴方の相談ごとですね。

お話の向きはよく分かりました。

どうしてそんな運びになったのか、詳しい経緯はあえて聞きませんが、なるほどそれはお困りでしょう。

出席者のほとんどが目上――なんて会食を主催することになれば、誰だって緊張するはずです。そういう時にモノを言うのは踏んだ場数で、貴方のような経験不足のお人なら、頭を抱えることもあるでしょう。

ということで、結論から申します。

何より大切なのは座の次第、つまり席順です。それさえ納まれば、あとの細かいことはある程度、時に応じて融通がききます。だけど、ここを間違えると、のちの怪我にもなりかねません。

ここから先は大事な話です。

録音機はちゃんと回っていますか。

上座《かみざ》と下座《しもざ》

貴方が主催する会食の、席順をどうするか。

まず料理屋の場合から言いますと、目印となるのは床の間です。正客《しょうきゃく》――つまり主賓《しゅひん》は床の間を背にする席にお迎えして、次客三客《じきゃくさんきゃく》はそれぞれ正客の脇に据《す》えます。同じように三客以下は順次下座《しもざ》に流して、招待者たる貴方は正客の向かい側の、出入りするところに控えます。

世俗の地位、組織内の等級がはっきりしている席ならば、料理屋の席順にさほどの面倒はありません。床の間から順に並べていけばいいだけの話ですからね。

案外難しいのは洋食の椅子席です。

まず一番の上座《かみざ》がどこかってことになりますと、店によって異なりますから訊けばよろしい。たいていは壁を背にした真ん中の席です。そこへ正客を案内する。たとえば何かの祝いごとであるなら主人公を上座に案内するわけですが、目的のはっきりしない会食であるとか、世俗の地位やら組織内の等級を斟酌《しんしゃく》しなくてすむ会食もよくあります。その場合、上座に据えるのは誰なのかと言いますと、婦人客の中で最も年かさの人です。

そうして当座の正客を決めたらば、主催者である貴方がその真向いに座ります。そして正客の次位の婦人客は貴方の右隣に、三位の婦人客は貴方の左隣へ案内します。

男性客のほうは、もし貴方の奥さんが同伴ならばそこを起点に考える。奥さんの席は貴方からできるだけ離れた場所にしておいて、正客の次位の男性客は貴方の奥さんの右隣、三位の男性客は左隣というように按配《あんばい》していく。そうすると貴方の家族、親戚、友人などは正客から遠い席、つまり下座へと流れていくことになります。

これが西洋流の並びの型です。座る順番は、基本的には年齢順。婦人がいる時は婦人優先。婦人が複数ならば婆さん優先。

ええ。おっしゃるとおり、それぞれの社会的地位も大事です。それはしっかり考えなければいけません。

だけど地位というのは、最近とみに分かりにくくなっています。地位というのは、ないようで、ある。あるようで、ない。ですからそこは単純に考えて、婦人優先、年寄り優先と心得ておけば宜しいんじゃないですか。それだけでもずいぶん迷わなくなるはずです。

どうしても不安なら、予約の際に「席順を考えてくれ」と店に注文して、なおかつ出席者について細かく説明しておくのが無難でしょう。各席に「ナニナニ様」とネームプレートが置いてあれば、誰も迷いません。プロが考えた席順ですから、不平不満もまず出ないはずです。

店はどう選ぶのが良いか

西洋の型どおりに席を按配しますと、初対面の男女が隣り合う場合も出てきます。そうなれば、おたがい即《つ》かず離れずの、時宜《じぎ》に応じた会話の妙というものも大切になりましょうね。

それから、これは前にも言いましたが、相客の進み具合をはかりながら食べること。ことにご婦人より先に喰い終わってはいけません。

洋食のルールといったら、最近はみなさん、食べ方のことばかり言います。だけど食べ方なんて簡単で、要は音を立てなきゃいいんです。ナイフやフォークを、皿に強く擦《こす》らない。音を立ててスープを啜《すす》らない。くちゃくちゃ嚙むのは論外。その程度の話です。カトラリーの使い方くらいのことは、インターネットで検索すれば簡単な図解が出てくるでしょうから、それを見れば済みます。

どうしました。

そんなに首を捻《ひね》って。

大切なのは何か。大筋のところは以上話したとおりですから、細かい疑問があるのなら具体的に言ってください。

……貴方ね。

何を言い出すのかと思えば、うまいものを喰わせる店ですか。

それはわたくしにはよく分かりません。

だけど、どうです。ある程度の看板のある料理屋やレストランならば、吐き出すほどにまずいものなんて出てこないでしょうに。だったら味にこだわるよりは、掃除の行き届いた、換気や室温に注意を怠《おこた》らない店を選んだほうが宜しいんじゃないですか。「いらっしゃいまし」「ありがとうぞんじます」「お近いうちに」のほかは言葉少なで、だけど万事に目が行き届いていて、こちらの気分を何もかも呑《の》み込んでくれるような店こそ、会食の場に相応《ふさわ》しいんじゃないですか。店の者の愛想がよくて、お世辞も好いのなら言うことはありません。

あるいはその逆に、

「これはこうして喰うものだ」

なんてことを押しつけがましく言ってくる店であるとか、板前が客と一緒に酒を呑んで、赤い顔で喋り散らしている店なら、避けたほうがいい。

何ですまた、だしぬけに。

どうも貴方、わたくしの言っていることが、まだお分かりではないようですね。

「東京で一番おいしいと思う店はどこですか」

なんて訊かれても、「さア」としか言いようがありませんよ。とぼけているわけじゃありません。斜めに構えているわけでもない。前にも言いましたけれど、わたくし、外食が多い暮らしをしていますが、出かけていく店なんて十軒もないんです。昔からの馴染みの店で、季節ごとに同じものばっかり喰っています。

どれも好い店には違いないし、じっさい美味いのですけれども、何にしろかんにしろ、わたくしの場合は味は二の次で、それより優先事項がありますのでね、美味という一点に限って推薦はしかねるわけです。

うまいマズイは気分次第

くどいなア。

もうたいがいにしたらどうです。

わたくしは「ここが大事ですよ」と、わざわざ念を押して席順の話をしたんですよ。それをメモを取るでもなく、あからさまに素っ気ない相槌を打つだけだったのに、ちょっと話が変わるやいなや、「東京で一番おいしいと思う店を教えてください」だの、「先生の行きつけの店で一番おいしいのはどこですか」だの。

いいですか。

わたくしが店を選ぶ時、一番大切にするのは、気分です。心地よく食べられるかどうか。だって、ある程度の料金を取る店ならば、ほかのどこと比べても、それほど味に大差はなく、詰まるところは言わず語らずの呼吸ひとつで、ウマいもマズイも、気分のものですからね。「ここは店員の態度が悪いけれど、おいしい」とか「この店は蒸し暑くてたまらないけれど、料理は最高だ」なんてこと、あるはずがないでしょ。

そりゃ、わたくしだって変なものは喰いたくありませんよ。たとえば当節の料理屋ですと、舌に載せても何の品種《しなくさ》を使っているのか分からない、むやみに味を重ねて餡《あん》を掛けたものが出てくることがありますでしょ。そういうものを喰わせる店には二度と行きません。日本料理なんてものは、季節ごとの素材をわずかな風味で喰わせてくれればそれで結構なのに、とも思います。

だけど、うまいものを漁って歩く趣味はありません。自分の馴染みの店のうち、どこが一番うまいか、なんてことも考えません。

ちょっと貴方、気をつけたほうがいいですよ。喰い物への執着が深過ぎます。会食を主催する以上はなるべくおいしいお店で――って考え方は分からないではないけれど、そんなにも味にこだわる姿勢をあからさまにしていれば、モノの分かった人からは白い眼で見られますよ。

なぜって。分かりませんか。

貴方とこの前食事をご一緒した時、但馬牛と松阪牛の味の違いがどうだとか、あれこれ喋ってましたね。同じ牛ステーキだったらアメリカ産より国産のほうが安心できるとか、そういう話ならまだしも、同じ我が国の牛の味の違いなんて、どうでもいいし、部位がどうのこうのって、わたくしは気味が悪くなったよ。

人間、何を喰っていたって、食べられる分には死なないんですよ。たかが牛肉のごときに、そんなにも執着するやつなら、人間関係の些末《さまつ》な点に執着しても不思議じゃありませんか。そんな人間は傍目《はため》に不気味じゃありませんか。

マメなお方

美食ブームなんてことが言われるようになったのは、昭和五十五年を過ぎてまもなくではなかったかしら。ちょうど、わたくしが大学に入った頃で、いわゆるバブル前夜とでも言うべき時代でね、田中康夫さんの『なんとなくクリスタル』が人気を博して、それまで不潔極《きわ》まる恰好で徹夜マージャンに明け暮れていた大学生たちが、にわかに衣食住の趣味に興味をもちはじめた時でした。

青山や六本木、広尾などの屋敷町の木立《こだち》に隠れるように、こざっぱりと気の利《き》いたフレンチやイタリアンのレストランが開店し、洒落《しゃれ》たデートを提唱するファッション雑誌が盛んに店の紹介につとめ、ビストロやカフェバーなども次々と店開きしたことを憶《おぼ》えています。

これが全国的にひろがったのは、やはりテレビでありまして、料理の作り方の番組はそれまでもありましたが、その頃からは「吉兆」をはじめとする高級料亭やレストランの紹介をする番組が評判を呼ぶようになったのでした。しかも、東京ばかりではなく、京都の老舗にもカメラが入るようになり、その後は食通漫画とも言うべき作品も喜ばれ、一般の人たちのあいだに食べ歩きの趣味が広がっていったのでした。

それがバブル景気の終わったあたりから、ラーメンやカレーを五百円グルメだとか何だとか言って、安手のテレビ番組が「グルメ」を連呼するようになりましたが、そうなるとわたくしは不案内ですから、お役に立ちません。ご免《めん》を蒙《こうむ》ります。

なるべく自分に関わらない

たとえば貴方、馴染みのホステスと芝居見物に出かけて、そのあとにレストランへ行って、皿に盛られた料理のことばかり喋る男がいたとしたら、どう思いますか。

おっ、鯛か。この時期にこの店に出てくる鯛といったら、房州《ぼうしゅう》モノだろうね。あれっ、ちょっと焼き過ぎているな。もう少しレアな感じなら良かったのにね。ところで君、鯛の旬《しゅん》っていつだか知ってる？　春だと思うでしょ。それが常識だよね。だけど実はそれは違うんだよ――って、そんな調子で皿に盛られた料理ばかりを話題にして、今しがた見た芝居については面白かったもツマラナカッタもなく、ただひたすら、喰い物のことばかり喋っている男。これは貴方、相手の女に馬鹿にされますよ。馬鹿にされる程度なら、まだ運が良いんじゃないですか。

「こんなにも喰い物に執着する男なんて気持ち悪い」

なんて具合に、怯《おび》えられても仕方ありません。

ええ、そうです。執着です。

まだ分かりませんか。それは困りましたね。どうお話ししたらいいか……。

では、こうしましょうか。いつだったか貴方、プロ野球観戦がお好きだと言っていましたね。ジャイアンツを熱心に応援している、ジャイアンツの負けが込むと苛々《いらいら》するとか、胃が痛くなるとか、そんな話でした。

そこで伺《うかが》いますけれども、貴方はジャイアンツが負けた時に、何か実際の損をしますか。何か経済的な損失を受けますか。

受けないでしょ。なのに胃が痛くなるのはなぜなのよ。

また、そんな大袈裟な。腕組みして唸《うな》るような複雑な話じゃありません。

いいですか。決めつけて話しますよ。

本当のところ、貴方はジャイアンツなんてどうでもいいんです。いくらジャイアンツが強いからといって、全部の試合で勝つわけじゃありません。毎年必ず優勝するわけでもありません。それを承知しているくせに、なおかつテレビでタダ見をしているだけなのに、勝った負けたで一喜一憂するのは、自分が満足するためです。ジャイアンツのことを考えているようで、実は自分のことばかり考えている。ジャイアンツのことを語っているようで、実は自分のことばかり語っている。

違いますか。

自分の気持ちはどうでもいい、ジャイアンツにはとにかく頑張ってほしいと心底思っているのなら、切符は買えるだけ買わないといけません。忙しくて球場に通えないのなら、選手個人と食事ができるくらいに出世して、「これで栄養をつけて頑張れ」とか何とか、祝儀のひとつも切らないといけません。それが無理なら、せめて優勝した時はビールの一ダースくらいは東京ドームへ届けたらどうですか。それさえも無理だってのなら、選手やら監督へ励ましのお手紙でも書いたらいいじゃないの。テレビをタダ見するだけで贔屓《ひいき》なんてこと、ありえない話です。

だいたい貴方、プロ野球の結果に一喜一憂している暇があったら、自分自身の勝負に力を入れたらどうなのよ。野球のごときに執着しても、苦しいだけです。辛《つら》いだけです。

あるいは、自分自身で野球をやってみたらいいじゃないの。同好の士を募《つの》って、休みに河川敷かどこかで実際に楽しんだらどうですか。プロ野球を観るのは年に一度か二度にして、そのかわり行く時はうんと良い席のチケットを買って、スタジアムで楽しんだらいいじゃありませんか。

話は飛びますが、ストーカーってのがいますでしょ。アレは対象を追い求めているわけじゃありません。自分を見てほしい。自分が満足したい。だから相手につきまとうんです。そうです。執着とはつまり、自分にこだわることです。

自分のことばかり考えるのは、辛いですよ。それからまた、自分にこだわることほど、自分に良くないことはありません。わたくし、これは断言します。執着は捨てなければいけません。

公共の利益とか、世のため人のためとか、そういう話じゃないんです。自分にこだわれば、自分が大変です。ほかの誰でもない自分が、一番苦しい。

仏教でも執着くらい浅ましいものはないと教えていまして、昔の高僧は「なるべく自分に関わるな」「自分を大事にしすぎるな」ということを言っています。楽に生きるため、無駄に苦しまぬため、執着は捨てなきゃいけないわけですね。

とはいえ人間の業《ごう》は深いから、スッパリ完全に断ち切るのは難しい。なので昔の人たちは、日々なるべく執着を紛らわしていこうと、趣味を大切にしました。社交を大切にしました。趣味の世界は社交の世界であり、社交の世界の中に趣味の世界があった。

男が趣味と社交とを手放してからは、婦人の手にわたり、あらゆる稽古ごとは女の分野となって、美術鑑賞、演奏会、観劇なども女性客で占められましたが、また、最近は男の割合も多くなり、趣味の方面に関心が集まってきたようです。

コレクターなんて気味が悪い

趣味と言えば、近頃は余技ができる人を滅多に見かけなくなりましたね。仕事以外は、たいしたことのできない人が多い。

紳士たるもの、人を使うこともあれば、人に仕えることもあります。人を使う時は、指示をしないといけません。人に仕える時は奉仕しなければなりません。したがいまして、人格が一つだけでは間に合わないし、精神的にも持ちきれません。この場合の人格は顔、つまり面《おもて》と言ってもよい。おもてと言う大和言葉は、素顔と仮面の両義性を持っていますから。

だからこそ昔の紳士は、別の人格としての趣味生活を重んじたわけです。もちろん趣味に没頭して家を傾けるなんてことは論外で、本業と趣味は両輪だった。趣味はただの息抜きではなく、公私のどちらにも良い作用を及ぼしていた。

ところが、どちらかに偏《かたよ》るのも少なくはない。仕事ばっかりで無趣味の人。仕事には何の情熱もなく、趣味だけに没頭している人。極端なのはいけません。

趣味だけに没頭している人ですか。

そんなの今はいくらでもいるじゃないの。たとえば家中が盆栽《ぼんさい》だらけなんて爺さんが、時々いますでしょ。盆栽なんて一つか二つあるからいいものなのに、家中が植木鉢だらけなんて、どうかしてます。またそれを自慢げに人に喋ったり、ブログに書いてみたり。

いえね。わたくしも子供時分は動物のフィギュアを集めていました。わたくしに限らず、男ならたいてい、子供の時に何かを集めていたはずです。だけどソレ、たいていの人は十代で卒業しますでしょ。つまり収集癖には子供染《じ》みた傾きがあるし、昔から「玩物喪志《がんぶつそうし》の識《そしり》あるを免《まぬか》れず」なんてことも言われるしで、「僕はこれこれのコレクターです」なんてことは威張って言わないほうが無事なようです。

ええ、おっしゃるとおり。

集めているモノの、値段は関係ありません。フィギュアだろうが茶器だろうが、モノに執着しているという点では、まったく同じです。

とは申せ、投機目的で以《もっ》て、いずれは金に換えることを目的として、何かを集めている人の場合は、金の欲はありながら、まだしもマシだと思うのです。

ほんとうの病《やまい》は、他人から見たら無価値に等しいものを集めることで、これは怖ろしい。そこに飾られているのは、その人の我執《がしゅう》そのものであるわけですからね。

何であれ捨てるほうが楽です。脱いでいくほうが楽。素朴単純を褒《ほ》めているんじゃないんです。どんなにアッサリ生きていようが、どんなに脱ぎ捨てていこうが、人間は業《ごう》が深いから、次から次へと執着が出てきます。好きで好きで堪《たま》らないと思って恋仲になった相手でも、二度三度と寝たら急に満足して、また別の相手を求めるのが人情じゃありませんか。

俗に深間《いろ》は三月《みつき》とも申しますからね。ほほほほほ……。

第六章　どんなに知識を増やしたところで

納得できない宴

あれから、すこゥし、気にはなっていました。

貴方が主催した宴会はどうだったのかしらん、って。

過日ご教示を賜りました会食の件、おかげさまで万事つつがなく運びましたので、御礼言上《ごんじょう》のために是非ともお目通り致したく、つきましてご都合の宜しい日時をお知らせ願います——とか何とか、そういうメールを送ってきたということは、接待は上首尾だったということでしょうか。

ああ、そりゃア、よかった。

とにかくも、出席した客が満足した様子で、それぞれに礼を言って帰っていったというのなら、貴方も晴れ晴れとした心持ちになれたんじゃありませんか。

招宴というのは難題ですからね。

ですからね、わたくしなんて、おたがいさまに不愉快な思いをしないで済むように、よっぽどでなけりゃあ、なんのかのと口実を拵《こしら》えてはなかなか出たがりませんが、それほど大事を取っても、不愉快な思いをすることが時々あります。

半年ほど前だったか、とある宴に招かれたときは、始まる前に帰りました。というのは、一座の顔ぶれを見わたしての振り合いですよ。はっきり言えば、わたくしの座る場所が、どうしても納得できなかったんです。

怖いなあ――って。別にわざとそうしたわけじゃありません。その程度にしか思っていない人と付き合っても、その先おたがいに良いことは何もないはずで、だから帰ったわけです。

もちろんそれを顔に出しはしませんよ。今は携帯電話という便利なモノがありますから、のっぴきならない用事が入ったと口実を作って、主催者にお断りをして、それから立ち去った次第です。宴が始まってから中座などしては、それこそ作法に適《かな》いませんからね。

じつはね、宴の主となるにあたって一番大切なことは、招待客の席次なのです。

一対一のときには、以前もお話をしたように、対手《あいて》の好みを事前に調べて、その好みに合うように仕込みをすれば宜しいのですが、複数が対手になるときには、まず、主賓が誰なのかを決めなければなりません。

そのうえで、主賓と相客との身分境涯はもちろん、おたがいの関係の良し悪し、それぞれの趣味嗜好などを考えて、その振り合いによって席次を決めるわけですから、慎重の上にも慎重に、また遺漏《いろう》なきを期さなければなりません。

だってさ、見かけたところでは仲の良さそうな知人同士であっても、ほんとうは顔も見たくないということもありますからね。

わるくすると宴のあいだ中、おたがいに不愉快な思いをさせることになりますし、まさか喧嘩はしないまでも、何となく不自然な応酬となり、それが他の客にも伝わって一座建《いちざこん》立《りゅう》に水を差しかねませんもの。

それですから、主賓が嫌いだと分かっている人は外すとやら、あるいは相客同士で不仲なのがあれば席をなるたけ離すとやら、初対面同士のあいだには社交に長《た》けた話上手の客を挟むとやら、そこには時に応じた振り合いが必要となるわけです。

それで、貴方はどうなさったの？

役所や会社といった組織には関係のない集まりだから、そのなかで一番古くからの、そして誰からも嫌われていない人を床の間を背に据えて――。

なるほど、それから？

招待客を見まわしながら、おあとは、お歳の順にお繰り合わせください、と言ったのですか？

ほう、貴方にしては望外の首尾でした。

そのように言って客に任せてしまえば、めいめいてんでんこに、い、い、客同士が顔を見比べながら、敬遠したいと思う相手があれば、自分から離れて座るでしょうし、あるいは流れのなかで自分が末席になったとしても、齢が若いだけで身分や才能には関係ないのだから不満も出ず、それは結構でした、言うことはありません。

床の間

このように座敷の場合は、床の間から近いほうが上座で、そこから居流れて遠くなるほど下座ということが分かりますから、それほど迷うこともありませんね。

しかし、料理屋はともかく、住居からは和室が減るいっぽうですし、まして床の間のある新宅は少ないしで、これからの年若《としわか》な人たちには通じなくなる話かもしれません。

床の間ですか？

その始まりは、仏画を拝むために香炉、花瓶、燭台を卓に置いて飾ったことに由来します。そこへ唐土《もろこし》伝来の名画を掛けて鑑賞する風雅な武士もあらわれて、ついには造り付けにして押板《おしいた》と呼んだのが、次の段階ですね。

その形で足利将軍数代を経る頃には、違い棚、付け書院、帳台《ちょうだい》構えなどの様式が整い、武家の御殿だけではなく、侘茶《わびちゃ》の数寄屋にも取り入れられ、徳川時代に入ると広間や小間に応じての位《くらい》取りもさまざまな形が出来、一般の住居や茶屋座敷にも設けられるようになって、明治を持ち越して現在に至りますが、つねに中心の空間として意識されてきました。

と言いますのも、押板の完成するよりも古く、広間のなかで一部分だけ高く造った上段を床《とこ》と呼び、貴人の坐して寝る場であったことから、室町時代を過ぎる頃には押板も床と呼ぶようになりました。これが明治以降も引き継がれ、大切な客の来訪があれば床の前に据えて接待し、日常は家長《かちょう》の坐す場所でした。

これを忌まわしき封建制の象徴として糾弾したのが、敗戦後の日本人を指導して力のあった進歩派の知識人たちであり、現代建築から姿を消してゆきました。

また、そうした思想とは関係なく、なにごとも実用第一の常凡な群衆は無用とばかりに床の間を潰しにかかり、在ってもその意味が忘れられて、まるで物置きのように雑多なものが積み上げられている家庭も少なくはありませんでした。

それでも未だ、池坊《いけのぼう》をはじめとする華道の稽古が花嫁道具のひとつに数えられていた昭和五十年代までは、それを飾る場所としての意味をギリギリ保っていましたが、そのあたりが限界で、平成以後に設計されたマンションになりますと、欲しければ買ったあとに勝手に改装しろ、というような成り行きになったわけで……。

このように床の間の廃《すた》れゆくことを見るにつけ、先祖霊を家に迎えて饗応してきた日本人の、正月や盂蘭盆会《うらぼんえ》といった信仰のありようが、早晩、消滅する宿命に近づいている、と感じざるを得ません。

花を飾り、香を焚き、ご馳走を供して神仏を饗応する「まつり」の伝承を思うとき、床の間というものが、ある意味、神棚や仏壇よりも親密かつ具体的な装置であったということに、昭和三十年代に西国《さいごく》の旧《ふる》い家に生まれたわたくしには実感があります。親たちが一年の内に幾度か、家に伝わる形で何かを飾り、その季節のものを供え、そのお下がりを家族で楽しく、分けて食べたことが、身にしみじみと思い出されますよ。

これを宗教と言うと顔を背《そむ》ける知識人も、伝統文化と聞いたならば、そこに関心があろうがなかろうが、一応は尊重しなければ優越人種《インテリゲンチャ》の顔がすたるという当今《とうこん》ですから安心して申しますが、連歌、俳諧、茶道、花道、香道など、今に伝わる芸道のほとんどのものは神仏へ奉るために生まれ、中世の座敷で形を整えたあと、後世の各層に汎《ひろ》く普及して、わたくしたちの暮らしに深くしずかに根付いたものばかりなのです。

それを思えば、口先では保護しなければならないと言いながらも、外から鑑賞あるいは批評するだけで、家元に許された専門家に謝礼を捧げて稽古を続け、日々の暮らしのなかで嗜《たしな》もうとする人たちが少ないことは情けない。

それも含めて、いまわずかに余喘《よぜん》を保っていても、いよいよ消えてしまいそうなものを思い浮かべるときに、足利将軍家の座敷飾りの大衆的普及版である床の間が、わたくしどもの家庭から消滅寸前であることが胸をよぎり、なおさら心を暗くするのです。

ヤ、ちっと、話が裏《り》に落ちましたね。

ですからね、貴方も、心ありげな、モノの分かった人の家に招かれて、床の間のある座敷に招じられたならば、まず、掛け軸を拝見しなければなりません。

そうです、両手をついて、お辞儀をして、書でも絵でも、その作者に対面するつもりで拝見します。このお辞儀には、これを選んで飾った主人に対面する意味もあります。

もし読めず、意味が分からないのならば、主人に尋ねさえすれば宜しいのです。

というよりも、読めて、意味が分かったとしても、主人に尋ねるほうが、もっと宜しい。そのほうが心も解け合い、ことに初対面のときには、おたがいに助かります。

これが茶事ですと、客が席入りをして最初にするのが掛け物の拝見であり、そこに書いてある言葉や詩によって、主人の意図する主題を察し、客もそのつもりで共に協力して、一座建立を心がけるわけです。

それで、もし、貴方が正客《しょうきゃく》になったら、その日の掛け物を読めたとしても、やはり、亭主にお尋ねをしなければなりません。というのは、相客《あいきゃく》のなかには、何と書いてあるか分からない人もあるかもしれませんからね。

茶席で亭主と会話できるのは、基本的には正客だけとされています。ですから、掛け物には限らず、そこに飾り付けてある道具の由来について、もしも正客が独《ひと》り合点《がてん》で黙っていたり、あるいは道具に無関心で、別の話ばかりしていたならば、相客たちは「訊いてくれたらいいのに」と不満に思いますから、面倒でもできるだけ、おうかがいに努めてください。

それほど、掛け物というのは意味を持つ飾りですから、貴方も、茶事は催さなくても、次に誰かをお茶屋にでも招待するときには、あらかじめ、その宴会の趣旨を帳場に伝えなければなりません。賀の祝い、誕生日、昇進、受賞、合格、追善など、何の目的で、どのような趣向で、客を饗応したいかを伝えておけば、それに相応《ふさわ》しい掛け物あるいは花を飾ってくれるでしょう。

あるいはね、貴方の所蔵している書や絵のなかで、是非これをお目に掛けたいというものを持参して飾るならば、なお結構、心うれしいご馳走になります。

拝見

そうしますと、客のほうでは「こういう季節だからこういうものを掛けてくださったのだな」とか、「今日の宴会はこういう趣向だから、それに因《ちな》んでこういうものを掛けてくださっている」と亭主の心入れを受け取ったうえで、ありがたく、誉めて返すのが作法です。

茶事でなくても、そこは読めても自分では読まず、亭主に敬を表して、「まことに畏《おそ》れ入りますが、お読み上げ願いたいのですが……」と、ひとまず預け、そのあいだに賞め言葉を肚《はら》のうちで工夫をつけます。

亭主が読み聞かせたならば、これはありがとう存じます、と丁寧に折目立《おりめだ》った謝辞を述べ、そのあとは野暮に堅苦しくならないように、数寄者がかりの気味合いで、それを書いた人物についての質問、そこから広げて歴史の逸話などに話を運ぶならば、紳士の清談の至極無上の味《み》なるところ、めでたさもめでたし。

逆にね、「これはお高いでしょうなあ」は禁句、ダメよ、下《げ》の下《げ》です。

しかしね、そこで亭主が怒りもせず、逆にホタホタ喜んで、小鼻をヒクつかせて得意顔をしたならば、それはそれで挨拶が成立したとせねばなりません。

わたくしも、相手を見て、はは一ん、こやつ、金茶金十郎《きんちゃきんじゅうろう》だなと見極めたならば、お大尽《だいじん》、いかにも感服仕《つかまつ》ったという思い入れよろしく、この下種《げす》なセリフを遣うことがありますから。

そうすると、目もあやに悦んで、窩主買紛《けいずかいまが》いの道具屋に騙されたにちがいない、法外な買値を明かすのもあります。

このテのは、また、ひとしおの大莫迦《おおばか》と呼ぶべきでしょう。

しかし、いま申し上げた上下ふたつの例も、当今では茶事の席でなければ見られませんね。料理屋の床の間に何が飾ってあるかなど、招いた主人も客も、まるで関心がないという世の澆季《すえ》となりました。

ですからね、そう、わたくしが三十幾つの頃、さる財界人から内密の相談とあって、木《こ》挽町《びきちょう》の吉兆《きっちょう》に招かれたときのこと。

玄関で案内を請うと、先方は未だお出でにならず、ひとりで座敷に通されましたから、すぐに床の前に進み、型のとおりに両手をついて掛け物を拝見、花も拝見、といって無人なので、誰に何を言うのでもなく、そのまま正客の座に納まったと思いなさい。

と、まもなく、夕刊を載せた盆を捧げて出た座敷女中の煎《い》れる茶を喫するうちに、やア、お待たせしました、の声でご到着。早速、盃を銜《ふく》みながらの用談を済ませて、あるじが手を鳴らす、新橋の綺麗なところが首を並べる、「先生、お一ツ」、結構尽くめのお料理、裳《も》裾《すそ》を返しての踊りの色々、それも終わる頃には酔いもまわり、あとは埒《らち》のない話に興じて……。

まア、黙ってお聴きなさい、はなしはこれからです。

その宴から半年経った頃、おかげさまで懸案が解決しました、と、ふたたび吉兆に招かれたので赴《おもむ》くと、そのとき通されたのは広間ではなくて茶室でしてね、扱いにも親身なところが感じられ、凝った器の懐石のありがたさ、前回に増して堪能していると、女将さんが進み出て、「こちら、お数寄者と存じまして、今日は、このようにさせていただきました」と、傍《かたわ》らに控えた座敷女中をふりかえっての挨拶。あ、見覚えがある、あのとき、茶を煎れてくれた女中さんにちがいない、と気づいたわたくしに、はい、そうですと言わんばかりに微笑んで「もう、この節では、お掛け物を拝見なさるお客様はお珍しくなりまして――」と帯に挟んだ朱の袱紗《ふくさ》に手を遣ったもの。なるほど、そんなことが信用となり、それで格別のおもてなし。

今から、十六年と言えば一《ひ》ト昔、夢だ、夢だとは言いながら、もうその時分から、あの吉兆を使う紳士でさえ、床飾りに敬意を払う者など、絶滅しかけている猩《しょうじょう》々のようなものだったわけですな。自慢話に聞こえたらご免なさいよ。

本当に強くないとお世辞は言えない

しかしね、茶の湯の稽古というものは、この拝見というのが大切で、床の軸や花ばかりではありません。亭主が客のために用意した席中の道具のほとんどが、その対象となりますから、客のほうでもその褒め方に心得が要りますよ。

茶碗ひとつにしてからが、両手をついて、ためつすがめつ、全体の姿《なり》、口造《くちづく》り、胴と見て、釉薬《ゆうやく》の色と艶、模様、景色《けしき》の妙、それらを締めくくる高台《こうだい》の具合、そこに刻まれた印や花押《かおう》、さらには土味《つちあじ》の柔らかみに至るまで、どれも見落としなく拝見して、過不足なく褒めるのが礼儀とされます。

さらに持ち主が気づかなかった良さを見出して褒めたならば、なお結構かもしれませんが、しかし、それよりも大切なことは、亭主と客とが、その道具に備わる様式と精神とを賞美し合う、つまり同感の歓びを頒《わか》ち合うことにあるのだと思います。

だって、招いた客のために、亭主はその道具を選んだのですから、その道具を見れば亭主が自分のことをどのように見ているかが分かるのであって、つまりはお互いの人間を見ているわけです。世の中で何が面白いといって、人間を扱うほど面白いことはないので、これなども可怕《おそろし》いような、嬉しいような、じっさい興味の尽きぬ応酬にちがいありません。昔から敵愾心《てきがいしん》の強い、闘志満々の男たちほど、茶の湯に熱中したわけでしょう。

それにね、他人を素直に、上手に褒めることは、弱い人にはできない。

ほんとうに強い人でなければ他人を、それも身近な——顔の見える敵も含めて——何の躊躇《ためらい》もなく、真っ直ぐに褒めることはできないのではないかしら。

逆に言えば、気弱な人ほど、他人の非を責め、嘲笑漫罵《ちょうしょうまんば》することに性急です。

わたくしは、この人は強いか、そうでないかを判断するときに、その人の知り合いに何かの喜びごと、たとえば昇進とか受賞とかがあった場合、晴れやかに、心から素直に祝福することのできる人かどうか、その一点を見ることにしています。

とくに男の場合、その知人と付き合いが古ければ古いほど、それまで意識しなかったような妬心《としん》が生じがちで、祝福の言葉のどこやらに、暗いわだかまりが混じるものです。

それに対して、凛然《りんぜん》とした意気と威厳とが全身に充《み》ちた男たちは、恋の相手には申すまでもなく、敵に対しても褒めるところは素直に褒めて、ときには殺し文句に等しいような、上手なお世辞を弄《ろう》するものです。

俺は世辞が嫌いだ、なんてことをわざわざ人前で言いたがる男に限って、じつは甘言が好物だということも、真に強い男たちは知り抜いていて、そんなのにはお世辞ほどでもない、いわゆる嘘々羅《ちよちよら》であやなしては捻《ね》じ伏せるなどはお手の内。脅すも煽《おだ》てるも、人の上に立つ秘訣というわけで。

昔は「あの人はお世辞がいい」などという、軽い褒め言葉もありましたのに、今では策略、不正直、二枚舌などを思わせる、悪い印象が濃いようです。

しかし、お世辞もやさしさ、思い遣りの表われです。それを断じて言わないと公言する人は、よほどの劫突張《ごうつくばり》、つまり強情我慢の性質なのだと思いますし、今の幼稚な世間を憚《はばか》って、小さな声で申しますと、幾分か野蛮人の傾きもなくはない。

いつはりと思ひながらも褒めぬれば褒めぬ誠にまさりぬるかな

この味な文句も、うそやらまことやら、利休居士《りきゆうこじ》と聞きましたッけが……。

傍観するだけの人たち

若い頃、芝居小屋に勤めていたせいでしょうかしら。

「歌舞伎が分かるようになるには、どんな本を読めばいいでしょうか」という質問を受けることが、間々《まま》あります。

あんなもの、分かるようになったって、何もなりませんよ、と答えると、

「でも、歌舞伎が分かるようになりたいんです」

と、来るから、本なんか何十冊読んでも、芸は分かりませんよ、と答えると、

「いえ、それはいいんです。私は歌舞伎が分かるようになりたいんです」

と、来る。毎度のことですから、もう、馴れましたがね。

「ですからね、かぶき芝居というものは、役者の芸を楽しむものにすぎないんですから」

「……でも、歌舞伎が分からないと、芸も分からないのではないですか」

こうなると、こっちが絶句する番ですよ。

そんなことを言っている手間で、はやく逃げたいから、卑怯《ひきょう》のようですが碩学《せきがく》を持ち出すことにしています。

「坪内逍遥《つぼうちしようよう》がね、こんなことを言っています、好在《よござ》んすか、読みますよ。芸術は直覚が命だ。思慮計画を経《へ》、説明解釈を俟《ま》って後に『扨《さ》てはそうか』と感得するたぐいのものではない、とね。それからこうも言っています。

『撥音《ばちおと》、節まわし、服飾の色合い、模様なぞが耳や眼に入るように、意味から、様式から、一切の面白味が直覚せられなくては、面白かろうはずがない』

お分かりですね。かぶき芝居の劇としての筋とか、そこに描かれている役の性格などを知りたければ、それに応じる書物もあるでしょうけれども、それらを詳細に読み込んで、分析して、解釈して、理解したところで、それじゃあ仕方がない。三味線の音色、長唄浄瑠璃の曲節、役者の衣装の色と模様などを見て聞いて、官能に身を養《ひた》すところに命があると言っているのです。それを実感するには観客の側にも芸の素養が必要となります。

ですから、もし、かぶき芝居をほんとうに分かるようになりたいのならば、三味線や踊りの稽古を長くお続けになるほかはないのです。

それからね、旧幕時代の名残を感じながら暮らした坪内逍遥にとっては言う必要のなかったことを、現代人のわたくしが付け加えますが、自分では和服も着られない、茶のひとつも点《た》てられない、炭を継ぐこともできないでは、かぶき芝居の舞台に接しても、その面白味は直覚できません。つまり、それは単なる鑑賞に止まるわけで、実感というものが伴わない。浄瑠璃かぶき芝居の作者たちは、同時代の俳諧から学んだ教養と感覚とを以《もっ》て、あのような悲劇を綴《つづ》っているわけですし、役者もそのつもりで芸に工夫を凝らしているのですから、季節の移ろいのなかで、主人公の境遇も変転し、そこにしめやかなる情愛を沁《し》み出させるところを噛み分けて、作者、役者、観客ともども手ばなしの涙を落としてこその芝居です。客観的というのでしょうか、つねに第三者の地に立って、水臭い、情の移らない態度で舞台を鑑賞したところで、そこには荒唐無稽で大袈裟なだけの、色と形とがあるにすぎない」

「……でも、その理屈からすると、白浪物《しらなみもの》を直覚するには、観客もじっさいに泥棒をしなければ分からないということになりますけれども」

「はい、そうだと思います。そこにはもっと命が通うでしょうね。かと申して、じっさいに人を殺すわけにはいきませんけれども、たとえば近松の世話物にしても、色恋や銭金で苦労をした人としていない人とでは、同じ舞台を見たときに、その切実な思いや甘美な喜びのあいだには大きな差があると思うのです」

え、なんですか？

「……では、あの、私のような初心者が見ても、分かりやすい演目はありますか」

出ました。初心者という言葉。

わたくしは、これを聞くたびに、伝承芸能を買い被るような仰々《ぎょうぎょう》しさ、あるいは遠廻しのよそよそしさを感じて、つい、鼻白《はなじら》んでしまいます。

そもそも初心者というのは、文武にわたる諸芸を習いはじめたばかりの未熟な実践者のことを指し、したがって後日の大を成すことへの可能性と期待をも含んだ言葉ですけれども、鑑賞者はどこまで行っても鑑賞者であり、何十年見たり聞いたりし続けても、稽古をしなければ本当のところは分からない。したがって、初心もへったくれもないのでありま す。

しかし、昭和の暮れ方までの劇場の様子は、今とはすこゥし違っておりました。たとえば、能楽堂の見所《けんしょ》は、そのほとんどが舞台上の出演者の素人弟子で占められ、その膝には揃って流儀の謡本《うたいぼん》が広げられておりましたし、歌舞伎座や新橋演舞場の真ん中あたりの席に陣取っていた花柳界の老婦人たちも、舞台上の出演者と同程度あるいはそれを上回る芸を持った声曲《せいきょく》舞踊の名取《なとり》でありました。

これでお分かりのように、我が国の伝習的な芸能というものは、本来、演技する側と鑑賞する側とがキッパリと離れているものではなく、その境は曖昧で、あまり水臭く離れていては成り立たないものだったのです。

このことは舞台で行なわれる芸能だけではなく、短歌や俳句のような文芸も同じです。なればこそ、敗戦まもなく、仏蘭西《フランス》文学者である桑原武夫《くわばらたけお》先生が、あんなものは、第二芸術だ、と挑発なさったわけで……。

このあたりでね、大ていは、ああ、もう、いいです、と呆れて帰りますよ、おほほほ。

第二芸術

おや、こんどは貴方が興味を持ったらしい。それじゃあ続けましょうか。

その騒動の始まりは、昭和二十一年の雑誌「世界」に掲載されたエッセイでした。

桑原武夫は近代主義者ですからね、俳句のような短詩型の前近代的な遊戯で、この複雑な社会の実相を捉えて、国際社会に飛躍することができるものか、と糾弾——と言うよりは揶揄《やゆ》したのでありました。

それゆえに本格の芸術に非《あら》ずと極《き》め付けて、第二芸術と呼ばわったのです。

つまりは亜流、二流品、一種傍系的存在としての蔑視は免《まぬか》れなかったわけですから、俳句や短歌の当事者たちは、あたまの芯を突き刺された形状《かっこう》で、憤《いきどお》るよりは狼狽《うろた》えました。

冷静を装った折口信夫や角川源義《かどかわげんよし》でさえ、反論めいた文章を試みていることにも、関係者たちの動揺がどれほど大きいものであったか分かります。

そんななか——。

これでようやく、わが俳句も芸術と認められましたな、と嘯《うそぶ》いた高浜虚子《たかはまきよし》。

強《し》いて異を樹《た》てることもせず、旧派の俳家をモデルにした小説を書き、俳句は月並に限りやす、と開き直った久保田万太郎《くぼたまんたろう》。

この二人はたしかに没要領《ぼつようりよう》で、方物《ほうぶつ》しがたい性格の、いわゆる大物でありました。

しかし、大半の当事者の悩みは深く、有望とされた青年の中にも打ち捨てて、別の道に入る人は少なくなかったそうです。

この騒動は画壇にも及んで日本画撲滅論も唱えられて喧《かまびす》しく、それからは各分野で前衛芸術が幅を利かせるようになりました。

桑原武夫の主張は、過去の日本を良きものと理想化し、懐かしむばかりでは、旧来の社会的権威に対する反抗も、それらを改革しようとする精神も芽生えず、そんなことでは近代民族としての進歩は不可能であるから、退嬰《たいえい》的な日本の伝統文化は滅ぶべきである、というものでした。

今から見れば古色蒼然《こしょくそうぜん》、なんだか、懐かしい気もしますね。わたくしの少年時代、テレビに出ていた政治家や学者たちを思い出します。

しかし、このエッセイだけでなく、桑原武夫による一連の論文を審《つまび》らかに検案すれば、短歌や俳句が芸術たり得ない理由として、作り手と受け手との境い目が曖昧である、ということを、証拠を挙げながら断定しています。

つまり、作家と読者とが明確に分かれていない。その時々で、作者になったり、読者になったりすることは、西欧の芸術では在り得ないことである、と。

達眼達識《たつがんたちしき》。

そこまで星を射《さ》されては、虚子や万太郎のように、袖屏風《そでびようぶ》でうけながすほかはあるまいと思われます。

桑原武夫が指摘したとおり、和歌俳諧をはじめ、書画に音楽、香花茶、弓馬の道、能、浄瑠璃かぶきに至るまで、師匠の教えを人格ともに受け入れて、実地の習練を積むなかで、その道の担い手と受け手とのあいだに断絶はなく、ときに重なり合いながら、響き合い、忘我の境地に至ることを目指すのでありました。

ですから、日本には純粋な鑑賞芸術はなかった、と言っても言い過ぎではないでしょう。そこを突いた桑原武夫が、短歌も俳句も、絵や茶や花や三味線や踊りと同じく、師伝による稽古ごとに過ぎないではないか、そんなものは芸術ではない、と指摘したわけで。

ここに至って、ちょっと引っかかりますね、だって七十年前の桑原武夫が掲げた芸術は、西欧近代のそれであって、近代以前に由来する日本の文芸に当て嵌《は》まるはずはないのです。

これについては弟子にあたる鶴見俊輔《つるみしゆんすけ》が『限界芸術論』で論じていますが、今さら開き直ってとやかく言うべき筋合いでもないでしょう。

作り手と、受け手と、そのあいだが曖昧であることを、敗戦直後のように負の遺産とは考えず、むしろ、日本文芸の特長であることを意識したほうが宜《よろ》しいように思います。

現在の日本人が思い浮かべる芸術は、大たいにおいて鑑賞芸術となり、桑原武夫言うところの第二芸術をも、机上の知識を物差しとして、ガラス越しに観察し、分析し、解釈し、理解したつもりにならずにはいられない、そんな頓珍漢《とんちんかん》なありさまになっていますから。

半可通

藪から棒に「通《つう》って、何ですか」とは乱暴だね。

ふん、そんなことは朝茶《あさちゃ》の子さ。

徳川時代の初めの指南書『色道大鏡《しきどうおおかがみ》』によれば、気が通る人のことでね、しゃれた人と言うのと同じく、すこぶる垢抜《あかぬ》けがして気持ちの宜《よ》い紳士のこととあります。

まア、遊びの場での褒め言葉ですよ。

だからさ、青楼《せいろう》つまり遊女屋だね、そこで粋を探《たず》ねるわけだ。

折口信夫先生曰《いわ》く、「粋《すい》は推《すい》だ。推察する意。相手の胸の中を好意をもって推し量る意」と説かれているように、遊女、幇間《ほうかん》、女中など、そこで暮らす人々の心持ちをすなおに読んで、なにをしてやれば喜ぶかを推し量り、過不足のないように与えてやる器量を持つ人のことです。

そうした遊客としての振る舞いのあれこれも、けっして周囲の人を煩わさず、自分も煩わされず、どこまでもあッさり面白く、風雅に日々を渡ろうとする。

そういうことが実践できるということは、それまでに人生表裏の虚実をながめ尽くしてきたからで、つまりは苦労人としての修養を積んでいるのです。物のよく分かる人といっても宜しい。

あ、物が分かるといっても、知識がたくさんある人、という意味じゃありません。書画をよくし、茶を知り、香を聞き分け、歌俳諧《うたはいかい》に手際《てぎわ》を見せ、声曲にさえ精《くわ》しく——なんてふうに、金を遣って広く浅く稽古に励み、桑原先生言うところの第二芸術を極めた人でなくちゃアならない。

これより時代は遡りますが、明智光秀の謀反を知っていたと太閤に疑いを掛けられながら、するりと言い抜けをした里村紹巴《さとむらじょうは》という連歌師《れんがし》がありましたね、ご存じかな?

この人の芸談に、「いかに物を知り候《そうらい》ても、作意なき人の連歌はふしくれだちて聞きよからず候《そうろう》。古《いにしえ》の人の申されしも、五尺の菖蒲《あやめ》に水をかくるがごとく、ぬれぬれとさはやかに仕立《したつ》べきよしに候」とある。名高いものです。

ここにあるように、いくら知識があったとしても、しっくりとした己れの場を持っていなければ駄目なんですね。頭に詰めるだけ詰めた知識が消化《こな》れずに、なま悟《ざと》りの歪《ゆが》みがゴツゴツと目立って、態《わざ》とらしかったのでしょう。

こんなふうなのを、時代が下った江戸の色里《いろさと》では、半可通《はんかつう》と嘲《あざ》み笑いました。ひと言でいえば、生物識《なまものじり》の男です。洒落本に登場しては、辻褄《つじつま》の合わぬ聞いたふうな付焼刃《つけやきば》を言い散らし、色男がって己惚《うぬぼ》れが強く、そのたびに女に嫌われて振りつけられるという、露悪的な役まわりですね。

ほんとうの通人と言うものは、その道については知らぬことはないところまで修行を積みながら、ひとに対してはなにごとも知らない、語らない、という美点を持ちます。まさに「五尺の菖蒲に水をかけ」たように、さらさらと滞《とどこお》りのないところが、通の通たるところですな。

ところが半可通人は、わるく拘泥《こだわ》りが強すぎる。なんでもないところにも理屈を付けたがる。そして、自分のことしか見えていませんから、相手の思いを察することができません。今様《いまよう》に言えば、空気を読めない。

こうした性格を戯画化して、洒落本で嘲笑した江戸の町人社会を思うとき、その成熟を感じるのと同時に、現代の日本人が暮らすとしたら、さぞ、生きづらいのではないでしょうか。

わたくしなんかもそうだと反省することがありますよ。他人《おひと》に気を兼ねることを忘れて、わるく頑張るときもありますからね。

え、今の僕たちだって、外国人から見れば、空気を読み過ぎています、だって？

はあん、貴方も、それで空気を読んでいるつもりなんだ。

驚いたね、どうも……。

第七章　あなたの「居どころ」はどこですか

衣服とは「しるし」なり

ちょっと貴方、一体ぜんたいどうしたんです。Tシャツなんか着て。外見に執着するのはやめたんです——ってまた。短絡的にも程がありますよ。ひょっとして何かの冗談ですか。いや、冗談にしたってソレは出来が悪すぎます。

いいですか。私はたしかに、男が妙に着飾るのは変だということは言いました。若者の服装を真似するなとも言いました。だけどそれは、普段着に限った話です。

普段着ならば、奥さんがイトーヨーカドーやらユニクロで買ってきたもので充分です。トンチンカンな服だって、顔を立てて着てりゃアいいんです。

だけど貴方、誰かに会いに行くのに、Tシャツはないでしょうに。

そうでしょうか——って、今日まで貴方、いつも上着を着てたじゃないの。それが何ですか。私が服装の話をしたら途端にTシャツで出歩くようになるなんて、言うも甲斐なき、空《むな》しき話だよ。

Tシャツで人前に出ちゃいけません。

人前ってね、はっきり言えば目上ってことですよ、つまりはわたくしのことです。

ものを教わりに来るのに、下着で来るとは何ごとだい。

無礼者だよ、ほんとうに。

いいですか、人前に出るときの服装。これは「私は改まっています」ということを表わすものです。暑いから涼しい恰好をする。寒いから暖かい服装をする。そういう快適さは第一目的じゃありません。立場、身分、状況を表わす「しるし」が服装なんです。不自由であったり、窮屈であっても多少は辛抱しなくてはならない。

スーツを着てネクタイを締めることは、自分を偉そうに見せるための手段だと、貴方は思うかもしれません。だけどそれは大きな誤解で、目下の者ほどきちんとした恰好をしないといけません。逆に、目上は寛《くつろ》いでも許される。

郁田丹陵《むらたたんりょう》描く大政奉還の絵を観ても、将軍は羽織袴でしょ。家来は裃《かみしも》に威儀を正しています。任侠映画なら、親分はバスローブで、子分はスーツです。

先だって、とあるパーティーで見かけた若い知人が、やっぱりGパンにTシャツだったんです。それで私、たしなめました。「それはいけませんよ」って。そうしたらその子、「高いんです、コレ」

とか何とか言って、ムクれていましたけれども、服装の位取《くらい》りは値段と関係ありません。様式つまり形の違いによって、公私、昼夜などの格が決まるのです。最近は、服装に限らず、この点が分からなくなっています。

今の人たちにとって何よりも格が上なのは「金」。ですから、格差社会が取り沙汰されるとき、その比較は年収とか貯蓄であり、わたくしなどには唯物的に見えます。次に問題にされるのが学歴のようですね。

高収入と高学歴。

現在の日本人の欲しいもの、涎《よだれ》の垂れるほど憧れるもの、幸福の目に見える形。つまり、赤門出身の金持ちならば、権門貴顕《けんもんきけん》の紳士淑女であるわけで、テレビで見るあの人、この人の顔が浮かびます。ほほほ。

さて、いくら末世でも、服装の格式が金額に左右されたという話は聞きません。素材がカシミアでも、セーターはセーターです。素材が化繊でも、スーツはスーツです。

この点、和服業界のほうがアレでして、昔は五つ紋の袴付《はかまつき》であれば、綿でも紬《つむぎ》でも公式の礼装として通りましたが、今どきのマナー本を見ますと、羽二重《はぶたえ》でなければならないと書いてあるのは、何のつもりか分かりませんが、納得しかねますね。

型に嵌《は》まる

軽装化は世の流れで、ずいぶん前から一流と言われるホテルでも、短パンでロビーをうろうろしている人をよく見かけるようになりました。あれは多分、食堂の服装制限がなくなったこともあるでしょうね。昔は「ネクタイ着用でない方はお断り申し上げます」なんてことが、当たり前にありました。

だけど、どうです。こうなると、かえって迷いませんか。私はスーツかジャケットのほうが楽です。考えなくていいんですから。

服装から髪型から化粧から、昔は型が決められていました。ひと目見れば、その人がどんな境遇か、分かったんですね。年配、職業、位など、外見に表われていました。さらに婦人の場合は未婚か既婚か、見分けがつくように装っていたのです。

これを批判的に言えば、封建的な身分制度によるものとも言えるでしょう。ただ、当時の人たちは、そんなものだと思って装っていたでしょうけれどもね。

さて、この古風が乱れたのは太平洋戦争によるものだったと、入江相政《いりえすけまさ》侍従長が書き留めています。国家総動員でしたから。

型に嵌まる、という言い方があります。これは今、無個性とか陳腐とかの悪い意味で使われていますけれども、型に嵌まればたいしたものですよ。「型に嵌まりたくない」なんて、型に嵌まることさえできないくせに、よくもそんなことを言いますね、って話です。

型に嵌まっていれば、内容が何もない人間だって、それなりに見えます。昔の人は、自分は木の端《こは》のような存在だから、せめて型に嵌まろうと考えたわけです。今は何者でもないくせに、型に嵌まるのは嫌だと言って、木の端のごとき恰好をしている人がたくさんいます。

そもそも貴方、平成のこんにちを生きているみなさんは、大半が同じ一つの型に嵌まっていますよ。だって、みんな同じ恰好をしてるじゃないの。年寄りも若者も、夏になればTシャツかポロシャツを着て、冬になればダウンジャケットを着て、春夏秋冬デニムを履いて歩いています。男と女の洋装だってそうは違いません。

言葉遣いにしたって、年寄りと若者にそう大きな違いはありませんでしょ。男女の区別さえ無きに等しく、方言は滅亡の道を歩んでいて、特定の職業集団だけで通用する言葉も消えていく一方です。

こんなにも同じ一つの型に嵌まっている世の中、つまりは型のない世の中は日本の歴史で未だなかったことじゃありませんか。そんな時代になったから、かえって自分探し、生き甲斐探しなんていうことに血道を上げる世の中になったんじゃないかと、私などはそう思いますね。

社交は窮屈か

昔はさまざまな型があった——。これはつまり、列島の東から西までそれぞれの世間があったということです。男であれ女であれ、それぞれの生きる社会があって、大人なら必ず、社交なしには生きていけなかった。

社交とは、その社会での付き合いです。特別なことじゃありません。親戚一門とか、自分の暮らしている共同体とか自分の職業集団で、孤立しないよう、円滑に生きていけるよう、お互いを人として人らしく扱うこと。これが社交です。

朝昼晩の挨拶。時候の挨拶。モノを贈ること、贈られること。病気したら見舞いに行き、誰かが死んだらお弔《とむら》いに行き、職場やご近所の同好の士と、趣味の世界でともに楽しむ。そのすべてが、社交です。ゴルフとか舞踏会だけじゃないんです。暮らしの中の、ありとあらゆる付き合いが社交なんです。

昔は社交が厳しくて、季節や場所によって挨拶が決まっていました。電話がない時代には、わざわざ相手の家まで行って、時に応じた挨拶を申し述べました。

来てもらったら、お返しをしなきゃいけません。だけど、その具体的な方法もいろいろありまして、一つ一つを心得るため、世の人はおしなべて、子どものときから訓練を受けていたわけです。

ところが今は、共同体もなきゃ親戚一門で何かをやるということもまずありませんでしょ。会社だって関係は職場だけというのが当たり前で、社宅があって、上司の家族とどう付き合って、同僚の家族、部下の家族とどう付き合うか、なんてこともほとんど絶えています。

社交が復活したらまた窮屈な時代になりますね——なんて貴方。そんな決めつけをしては軽薄に見えますよ。よくよく調べたうえで言うならばともかく、話の肌理《きめ》が粗い。

社交が苦痛だったのか、喜びだったのか、当時の人に聞いてみなきゃ分かりません。楽しいことが多かったからこそ、喜ばしいことがたくさんあったからこそ、昔の人々は社交を続けてきたってこともあったんじゃありませんか。みんなにとって嫌なことならば、そうは長く続かないはずです。あるいはまた、楽しいだけで続けたのではなく、自治組織の一員としての義務感もあったかもしれません。しかし、それもまた、誇りに感じていたかもしれませんしね。

たとえば親戚が集まれば、自分はどの一門に属していて、どの位置にいるのか、そして何の役目を与えられているのかを確認できました。これは想像するに、心地よく、張り合いもあり、安心に暮らすことのできることだったはずです。

他では通じない自分たちだけの言葉を遣い、その土地だけにある風習を共有し、互いに同じ型に嵌まって、互いに細かい説明のいらぬ人たちと交流する。これもやっぱり安心できるんじゃありませんか。

しかし、なにもかも滅びかけています。

そうなったのも、わたくしたちが選んだ道ですけれども。

上下関係の技術

社交がなくなり、服装から言葉遣いまで上下の大差ない世の中になって久しいけれども、人間が二人いたら、どちらかが上でどちらかが下になります。どこに行こうが、何をしようが、必ず上下関係が発生します。

ですから、人間が二人揃ったときは、どちらが上なのかハッキリさせたほうがいい。なぜって、そのほうが楽だもの。

どんな人だって、ずっと上ではいられません。ずっと下ということもありえない。その場その場で立場が変わります。したがいまして、自分が上になったらこう、下になったときはこうと、互いに心得てなきゃいけません。そうしてさえいれば、万事がつつがなく運びます。お互いに無用なストレスを避けられます。

ところがこんにちの実際はどうかと申しますと、社会に出てから初めて支配関係があることを知って、ショックを受けて家へ引きこもってみたり、イライラして電車の中で喧嘩をしてみたり、あるいはまた、上司に取り返しのつかない暴言を吐いてみたり、混乱している方が大勢いらっしゃいます。

どうしてそうなるのか。これはやっぱり、人を使った経験がなく、人に使われた経験もないまま大人になるからでしょうね。

女中、下男、書生、運転手。そうした人間のいない家で育ち、朝起きても両親に挨拶をせぬまま学校へ行き、学校の先生に「人間はみんな同じです」とか何とか吹き込まれて、お稽古ごとでお師匠さんに頭を下げる経験もしないまま大人になるから、社会に出たときに混乱するわけです。

「昨日、課長に『馬鹿野郎』と言われた」

なんて怒っている人を時々見かけますが、仕方ないじゃないの、部下なんだから。昔はそういう見当違いを口にする人がいても、まわりが諫《いさ》めたものです。

「お前さん、そうは言っても、あの人には勝てないのだからカリカリしなさんな。どうせいつかは退職しちまうんだからそれまでの辛抱だ」

「分かる、分かる、あんな馬鹿野郎に使われることはないさ。あんな会社は飛び出して、一念発起、石に噛り付いてでも起業して見返してやれ」

なんてことを、言って聞かせたわけです。今はそういう第三者は稀《まれ》で、「それは許せないね」とか何とか、無責任に対立を煽るやつさえいます。

どうせ、この世はかりそめですもの。立場が上になったときはこう言う。下になったときはこう言う。難しいことはありません。ごく簡単なことなのに、今は自分でそれを難しくしている人が多い。

たとえば貴方、相手が会社の上司なら、自分は家来だと思えばいいんです。

「ちょっと煙草を買ってきてくれ」

と言われたら、「はいっ」と気持ちよく返事して、すぐさま買いに行けばいいんです。上司が吸っている煙草の銘柄くらいは普段から横目で見ておいて、「買ってこい」と言われたらパッと走る。

「それは課長の私用じゃないですか。私用ならご自分でなさってください」

なんてことを言うのは馬鹿です。そんな具合にいちいち反発していたら、お互いが無駄に疲れます。そういう不毛な戦いはしないと決めて、お互い楽に生きられるよう、知恵を働かせたらいいじゃないの。自分はどうしても我執《がしゅう》から逃れられないと思ったら、ともかく先人の遺した型に嵌ってみればいいんです。

「お前、飲め」

とか何とか、相手が威張りながら酒を勧めてきたら、

「お流れ頂戴します」

とでも言って、杯を受ければいいんです。受けた杯は飲み干せばいいんです。フリだって構いません。ともかく口に酒を含んで、おしぼりで口を拭《ぬぐ》いながら吐き出すとか、下戸だって工夫次第で「飲んだフリ」はできます。

かりに「飲んだフリ」がバレたとしても、相手はそれを不快とは思いません。むしろ「そうまでして、俺の顔を立ててくれているのだな」と満足し、安心します。結果、相手が無駄に威張らなくなることだってあるでしょう。

位《くらい》取りと居《い》どころ

話はまた飛びますけれど、ホテルのレストランなんかで、誰がどこに座るの、座らない

のとモタついている集団をたまに見かけますでしょ。

あれはたぶん、相手と自分との位取《くらい》りが分かっていない人の集団です。誰もが「自分はこのグループの何番目か」ということを考えていない。みんな自分は他の人と同格だ、平等だと思っている。だからああいうみっともない話になるんです。

人間はみんな同じだと、小学校の先生は言ったかもしれません。しかしそれは建前であり、理想であり、あるいはそうなってほしいという呪文です。世間のどこへ行ったって、自分の位置というものがある。何もかも人の寄り合う世の中では、それが当たり前です。

その集団の中で、自分は何番目なのか。これを常に考え、自分に見合った場所に常にいるように心がけていれば、自分が楽です。自分の心のうちの平穏を保つことができます。

いえね。

前にも話したとおり、洋食の席順というのは難しいですよ。だけど自分の居どころがどこなのかってことは、事前によく考えておかなきゃいけません。みんながみんなそうしていれば、席順が決まらずに右往左往するなんて傍目《はため》に見苦しい真似をせずにすみます。

わたくしが思いますに、世の中で一番の馬鹿って、誰にも認められていないのに上座へ座るやつです。貴方のまわりにもいませんか。婦人や目上の男性を差し置いてツカツカと上座に向かい、椅子に深々と腰を下ろして、大股を打ち広げるという無礼者が。

こういうことを言うと、「あの人は単に礼儀を知らないだけです」とか「ああいう人に限って正直者なんです」とか、そんな屁理屈を盾に庇《かば》おうとする人がいますが、それはやっぱりおかしな言い草です。

だって、そうでしょ。その詭弁《きべん》に従うならば、社交を心得た人間は不正直だということになります。そんな拗《す》ね者の理屈なんて、広い世間じゃ通用しません。

分不相応に上座にしゃしゃり出るやつは、野育《の》ちの古朴《こぼく》無邪気な好漢というよりは、知らず識らずに他人を押し退けることで自分を大きく見せたがる奸人《かんじん》であることが多いように思いますね。そんなやつと関われば単に不愉快なばかりではなく、未来にわたって思わぬ怪我をするとも限りません。なので、そばに近づけぬようにするのが身のためです。

またそんなやつほど、服装の型には無頓着であることが多くて、招待を受けた身でありながら、夏ならTシャツだけ、冬ならダウンジャケットを引っ掛けたりで、まるで散歩か山登りでもするような様子です。ひどいのになると、リュックサックを背負ったまま宴席に入ってきます。

せっかくの宴なのに、なんでわざわざリュックなんか背負ってくるのよ。それが正直な心の表われなんてことは、嘘ですよ。ただ尊大なだけです。他人《ひと》を人として扱おうとする心がけがないわけですから、些細なことのようですけれど、アレはやっぱり、ひとでなしの一種でしょう。

そうかと思えば、上座に座るべき人間のくせに「自分は下座で結構です」とか何とか言って、まわりに面倒をかけているやつもいます。上座と下座がある席に招かれたにもかかわらず、自分はだいたいこの位置だろうということを考えずに出て来て、謙譲の美徳を履《は》き違えているのかどうか知りませんが、「自分が上座なんてとんでもない」なんてモタモタするのは、まわりの迷惑です。上座に座るべき人間は、上座に座らなきゃいけません。上座を勧められたとき、それを受けるときの台詞の一つや二つは、あらかじめ知っておくべきです。知らないのなら、自分なりによく考えておかなきゃいけません。

人が座る場所というのは慎重に扱うべきです。

なにしろ、その人自身の位置を示すものであり、極めて重い意味を持ちます。

高い地位の人ほど、居どころに注意を払い、儀式に臨んで事前に確かめたがることは、その地位の高さに比例するのではないか、と思われるほど確認なさいます。

そんなこと、俺には関係ないや、てな顔をしなさんな。

貴方だっていつか、なんて無駄な嬉しがらせは言いませんが、なにかの拍子で、席を設定する役になるかもしれませんからね。

そのときに間違いがあっては失礼、と言うより、遺恨を残しかねません。

じっさい、居どころと言うのは微妙かつ不思議なもので、特に式典の会場などではチョッと寸法が違うだけで、その人が立派に見えたり、霞んで見えたりするものです。

ですから、能舞台では出演者それぞれの居《い》どころが、伝統的に厳格に決められているほどです。

かぶき芝居の舞台も、能ほどではありませんが、立役《たちやく》は真ん中か上手《かみて》、脇役は下手《しもて》、女方は些《ち》と下がったところなどそれぞれの居どころが定められ、これに役の位が加味されて、その時々の居どころが決まってきます。

愚かにも子供の頃から芝居を見ているわたくしなどは、たびたび上演される古典《ありもの》の芝居でしたら、役々の居どころが何となく眼にありますので、たまに役者が少しでも離れていますと、幕切れになるまで、気持ちわるくてなりません。

ことに近ごろでは、若手の役者が稽古するとき、過去の録画を頼りにするのでしょうね、あれはあくまで影ですから空間は捉えにくいのか、役者が離れ過ぎたり、付き過ぎたりすることが増えました。中村歌右衛門がつねづね、録画を見て役をおぼえたという気になるひとが多いのは心配、と憂えていたのはここのところです。

名優ほど、居どころにやかましいのは当然ですが、しかし、劇評を見ても、居どころに言及したものを見かけることが少ないのは、おそらく見ても分からないのかもしれません。

さて、お茶屋に呼ばれた芸者が、こんばんは、と座敷を見わたし、自分の芸者としての位置と、先に入っている芸者たちのそれとの振り合いを考え、さらには客の人数と顔ぶれとを胸算用しながら座へ進み、絶妙な場所へ座ったならば、寸法の分かる芸者として一人前と見なされる、という話は、他の世間でも通用するのではありませんか。

規則の意味

まあでも、そういう世の中になったのにはそれなりの事情もありますね。

何しろ業績次第で平気で社員の首を切る時代です。我慢していれば見返りがある、やがては自分の時代が来るなんて思えなくなった。それじゃあ貴方、新入社員が上役に対して、「上司だと思って大きな顔をするな」と思ったとしても不思議じゃありません。上役は上役で威張りづらくなったでしょうし。

万人がごく自然に、たがいに同じだと思っているのが、本当の平等社会でしょう。でも、どうですか。そんな世の中、もしかすると永遠に来ないかもしれませんよ。少なくとも今はまだ完全平等社会ではないのですから、上に立ったとき、下に立ったときの振る舞いを心得ておく必要があります。

集団に属するのなら、集団の掟を守らなきゃいけません。自分は自分の好きなようにさせてもらいます――なんて人間を、誰が面倒を見ますか。うちのシマに入った以上は、うちの掟に従え。これが分からない人は押しが太い。

わたくしは大学を出て、昭和が終わる頃、新橋演舞場に就職しましたから、当時の銀座が懐かしくてならないのですが、それはね、ぐるりの大人たちが可愛がってくださったからなんですよ。

お仕《つか》えした先代社長は、劇場に隣接する金田中《かねたなか》のご主人で、すらりとした優形《やさがた》に、いつも壹番館《いちばんかん》仕立ての吟味の届いたスーツをお召しになり、癇性《かんしょう》でいらしたけれども、十八年のあいだ、わたくしは一度も叱られたことがありませんでした。

ずいぶん厳しくて、よその会社のひとでも容赦ないところがありましたのに、さほど出来のよろしくない、怠け者のわたくしがどうして剣呑《けんのみ》を喰わなかったかといえば、今思うと、銀座が好きで、花柳界が好きで、芝居が好きなところを買ってくださっていたのだな、と、その当時の社長の年齢になった今、分かるような気がするのです。

というのは、入社した翌日から、子供の頃から芝居を見ているという理由で、社長の代わりに観劇することを命じられ、ときには高齢の名優や名女優との交渉もしなければなりませんでしたが、すこしも苦にはならず、茶の湯の稽古のおかげで、お年寄りの扱いには心得がありましたのでほうぼうで受けも良く、その点を社長は見ていらしたのでしょう、銀座の芝居町《しばいまち》と芸者町《げいしゃまち》を自在に泳がせてくださっていました。

今思いますとね、二十代半ばのわたくしは界隈《かいわい》の年配者に認められようと、ある意味、一生懸命でした。当時の銀座のお年寄りたちも、よその土地から若い頃に来た人たちが多く、わたくしの仕えた社長も幼い頃に養子にお入りになった方で、新橋花柳界の国宝級の老妓《ろうぎ》たちの多くも田舎の出、さらに日本舞踊の家元、俳優、そして料亭の経営者たちも同様であり、かえって根生《ねお》いの銀座生まれは少ないくらいでした。

それなのに、皆さん、言葉付きから、衣装、髪型、身のこなし、どこからどこまで銀座風の仕上がりで、どうかすると銀座生まれのお年寄のほうが見劣りするほど、洗練を極めておいででした。

今思いますとね、少年少女の頃に田舎から銀座に出て来て、小僧さんなら旦那に、役者なら親方に、芸者なら抱え主に厳しく仕込まれ、泣いたり、悔しがったり、得意になったり、恋もしたり、別れたり……そうした色々な思いをするなか、ながいあいだには銀座の水に洗い上げられ、あのように瀟洒《しょうしゃ》な紳士淑女が出来上がったのだな、と懐かしく思われます。ですからね、わたくしも遠国《おんごく》出身という劣等感がまったくないんですよ。得をしました。

このように、来るもの拒まず、ではありますけれども、これがひとたび、銀座の風儀に従わないとみると、おッぽり出されます。

ですから、わたくしはまず、木挽町《こびきちょう》の言葉を自分のからだに入れようと思って、七十、八十代の婆さん芸者や料亭の主人と会って、昔の話をできるだけ聞くようにしたものです。そのせいで、当時おぼえた――というか移った言葉の色々を、試しに今の銀座で使ってみるのですが、もう、通じませんね。あの年配のお年寄りとともに土地からは消えてしまったようです。

このように、こちらが素直な心を持ち、疑いを持たず、憧れを持ち続けていさえすれば、銀座という町は、他者を受け入れ、育ててくれました。今はどうか知りませんがね。

しかし、これはどの社会も同じではないかしら。

一旦《いったん》、身を預けたら、その場所を好きになって、所属の一員にふさわしい働きかたをする、結局はそれが幸せに暮らす道なのだと思います。

汚い高級品と、清潔な新品

ところで貴方。

今日は一体どんなご用があったんですか。貴方がTシャツなんか着てくるから、話が思わぬ方向へ進んで止めどもなくなりましたが、本件がまだです。今日は何を、一番に訊くつもりだったのですか。

いいえ、もう充分に身になるお話を伺いました――だなんて、貴方もこの頃ずいぶん殊勝になりましたねえ。

大人の男が人前に出るときの服装ですか。

そんなの、貴方。スーツに決まってるじゃないの。仕事で人に会うときは言うに及ばず、目上の人に罷《まか》り出るとき、宴に招かれたとき、その他もろもろ威儀を正すべきときにはスーツを着てください。

何て言うんですか、ボロボロの汚いデニムが何十万円もするってアレ。

そうです、そうです。ビンテージ。

普段の遊び着ならば勝手ですが、気の張る相手と会うときには、安くても小ざっぱりとした清潔なスーツを着るべきです。ちょっと小耳に挟んだ話ですけれども、近頃は一万円以下のスーツもあるそうですね。わたくし、それは駄目だとは申しません。汚い高級品を着て人前に出るくらいなら、清潔感のある安物を着て人前に出るべきです。

スーツが新品でも汚い靴下を履いていたら、お座敷に上がったときなんかには見苦しいですから、靴下だって安物でかまわないから、いつでも新品の二つや三つは箪笥《たんす》に入れておくべきでしょうね。それから――。

突然ですけれど、貴方、これから時間はありますか。

実はわたくし、まもなく出かけるのですが、よかったら一緒に行きましょうよ。

何です、そんな。露骨に怯《おび》えて。

貴方を恐ろしい目に遭わせようなんて気は露《つゆ》もありませんよ。

ええ、車はもう呼んであります。

あと十分もすれば、わたくしの携帯電話に「着いた」という知らせが入ると思います。

ということで、どうぞご一緒に。

第八章　困りはするが悩まない

服の良し悪し

ここはどこですか――って。

ご覧のとおり仕立屋ですよ。外のウインドーにはトルソーが飾ってあるし、一階の部屋には天井まで届く棚にぎっしり服地が積んであるのだから、誰がどう見たって仕立屋でしょうに。

ああ、この部屋のことですか。

ここは採寸や仮縫いをする部屋です。わたくし、ここで服地を肩にあててみたり、もう何度見たか分からない見本帳をめくりながら風合《ふうあ》いを確かめたりするのが好きでしてね。番頭さんと話をしながら、時を忘れて選ぶものだから、来れば半日ばかりこの部屋で過ごすことがあります。

いえね。

先ほどの話の中で、スーツの話題になりましたでしょ。話しているうちに、わたくし、ピンと来たんです。たぶん貴方は数日して「今度はスーツについてご教示願いたく……」とか何とかメールを送ってくるだろう、って。ちょうど仕立屋に行く予定がありましたから、先回りして貴方を誘ったという仕儀です。

いつも言っているとおり、知識なんかより実践です。百聞は一見に如かず、とも言います。今日はここで仮縫いをしますから、それをご覧になったうえで訊きたいことがあるのなら、お答えします。

ときに貴方、スーツは自分でお作りになりますか。

いえいえ。作らない、というのなら別にそれでかまわないんです。先ほども言ったとおり、吊るしの安物でも新品なら良いと、わたくしは思います。

だけど、いずれ懐に余裕ができたらば、言うところのパターンオーダーで一着お作りになったらどうでしょうね。もっと言えば、仕立屋で細かく寸法を取らせて、仮縫いのときには気の済むまで注文をつけ、どこまでも身に馴染《なじ》むように仕上げられた服を着るのが最善です。

そうして作ったものであれば、まず飽きることがありません。綻《ほころ》びが出れば同じ仕立屋が直してくれますから、長く着ることもできます。

有名なブランドでなくてもいいんです。たとえ近所の小さな仕立屋でも、そこの職人が地道な仕事をする人でありさえすれば、なまじ有名なブランド屋の既製服よりもしっくり着ることができます。

服の良し悪しというのは実際に仕立てる職人の技倆《うで》次第ですし、知られざる才能が市井《しせい》に隠れていることだってあります。ですから、銘柄を信じてありがたがるよりは、たとえ無名の仕立屋であっても、自分だけのために作られた服を着るほうが幸せなんじゃないですか。

初回の心得

ここの仕立屋との付き合いですか。

そうですねえ……。二十年ばかりになりますでしょうかね。ここの他には、もう一軒、古い付き合いのある仕立屋があります。

それと近頃は、百貨店の中に入っているブランド屋とも付き合うようになりました。その銘柄が特別に好きなわけではありませんが、採寸する担当者が仕事熱心で、また服飾のあれこれを心得ていて、上手にはからってくれるんです。

何をどうするにしても、それは実際に接する人次第です。世の中のことはまず、目の前の人との関わりですから、信用する担当者が異動するとか辞めるとなると、わたくしはその店には行かなくなりますね。

おっしゃるとおり、そうしているうちに行きつけの店はなくなってしまいます。だけど貴方、そこがまた楽しみでして、着道楽《きどうらく》の誰かに評判を聞いて出向いたり、あるいは町歩きをしている途中に店構えが凛とした洋服屋を見つけたときに、ふらりと中へ入ってみて、相性が好さそうで仕事に熱心でありそうな店員が見つかれば、その人に何もかも任せて、とりあえず一着作るんです。

ええ。

そのときは自分の好みは何も言いません。初回に限っては、「わたくしは不時《ふり》で来て、この店の風《ふう》が分からないから、何もかも貴方に任せます」と言う。そう言えば、よほど横着な人でない限り、気を引き締めて寸法を取り始めるものです。さらに熱心な人でしたら、種々《いろいろ》と提案をしながら仕事を進めてくれます。

悪い言い方をすれば、その人を「試す」わけだけれど、こちらもその店で作るのが初めてである以上、相手を知る必要がありますし、ブランド屋の型で作る場合には、細かい注文をしても無理だという場合もあります。なので、駄目でもともと、うまくいけば運が良い、くらいに諦めたうえで、自分が目星をつけた職人に任せるんですね。それでもし出来上がりが良ければ贔屓《ひいき》にして、季節ごとに作りに行く。

だけど、二度目からは不時の客ではありません。その人にとって、わたくしは本当の得意客です。そうなったら、こちらの好みも伝えながら向こうの意見も聞いて、おたがいに相談をしながら長く付き合っていきます。

目の前の人こそ、世間であり人間

仕上がりまでの期間ですか。

まあ、急がせて三月《みつき》、通常なら半年ほど見ておけば宜《よろ》しいでしょうね。そこまで時間を要すると聞けば、面倒がる人もあるでしょう。だけど、わたくしなどは急な必要に迫られて服を買うというよりは、くさくさとした気分を変えるために仕立屋に出かけることのほうが多いですね。

馴染みのテーラーと茶話《ちゃばなし》でもしながらゆっくり服地を選び、忘れた頃に仮縫いの知らせが来たら、また時間のあるときに出かけて、いつもの職人の意見を聞きながら何度か仮縫いを重ねる間の、その人たちとの時間そのものが楽しいんです。

そう考えてみれば、わたくしにとって洋服を誂《あつら》える楽しみは、色事《いろごと》をするときの悦びと変わりませんね。だって、そうでしょ。信用のおけるテーラーやカッターが、わたくし一人のために何時間かを費やして誠実に採寸をしたり、仮縫いをしたりしてくれるのですから、代金を吝《お》しむ気にはなりません。

わたくしも自分が奉仕をする立場になったときは、目の前にいるその人以外には脇目も振らず、これは誇張でも舞文《ぶぶん》でもなく、それこそ息を詰めて集中するように心がけています。

わたくし、世間のことがよく分かりません。人間というものもよく分からない。ですから、目の前に現われたその人が世間であり人間であると、かりそめにも定《き》めています。そうしているうちに、目の前の相手とわたくしが重なってくるような気がすることがあります。貴方はどうです。

意味が分かりませんか。

それはまあ仕方ないけれど、向後《きょうご》もし機会があれば、どうぞ貴方も目の前の相手だけに集中し、お努めなさい。そうするうちには、こちらと向こうの気持ちが重なってくる。これを以心伝心とも申しますが、小めんどうな理屈はたがいに要らず、どこをどう間違えても相手と争うことはなくなります。

何だか話がズレましたね。

ちょっと貴方、店の人に声をかけてくれませんか。わたくしたちがこの部屋で漫然と喋っているから、職人も階下で遠慮して、じっと待っているんです。

気取りと嫌味と気障《きざ》と洒落《しゃれ》

わたくし、そんなに機嫌良く見えましたか。

そりゃあ貴方、仮縫いをしている時間というのは、わたくしにはこの上なく幸せな時間ですからね。上機嫌にもなりますよ。

ええ、そうです。

今回仕立てるのは夏服です。

麻も良いけれど、わたくし、肥っていますから皺《しわ》になりやすいでしょ。だから今回はフレスコで良いのがあれば、もう一つ同じ形で作ろうと思っていましてね。

これなんかどう?

さっきのリネンと同じような色目ではありますけれど、同じミッドナイトブルーでも、こちらほうが少し黒に近いでしょ。

別にそうは違わないじゃないですか――ってまた貴方。四十八茶百鼠《しじゅうはっちゃひゃくねずみ》を知らないね。ひと口に茶といっても、そこには四十八通りの色があって、鼠にいたっては同じように見えて百色の違いがあると言いますよ。この英国製の生地見本を見ても分かるとおり、紺なら紺で、同じような色目がこんなにもたくさん並んでいる。ということはつまり、そのかみの江戸の通人も英国の紳士も、同じような渋好みの境地へ行き着いたということじゃありませんか。

いえいえ。

わたくしは何も、男なら地味なものを着ろと言っているわけじゃないんです。「至らない自分を消す」というところに、いわゆる渋好みの本来があるのではないかしら、とそう言いたいんです。

まあ、そんなことを言うわたくしも、実は少年の時分には中学校のお兄さんたちの真似をして、当時一世を風靡《ふうび》したヴァンヂャケットに憂身《うきみ》をやつしたものです。それで大学に入る頃にちょうど、コム・デ・ギャルソンやらアーストンボラージュといった、いわゆるデザイナーズブランドの店開きが続きまして、それらの店へしげしげと足を運んでは小遣いを叩《はた》いて買い漁《あさ》り、似合いもしないそれらの服を着て、表参道や六本木のカフェバーに繰り出しました。そうして覚えたてのカクテルの色を透かして見ては、気障な溜め息を吹きわけたりしていたものです。

自己弁護でも照れ隠しでもなく、若いうちはどうせ何者でもないのですから、まずは見かけだけでも恰好よくしたいという意気があるくらいが宜しいんじゃないかしら。気取りや嫌味があってもいいし、気障なくらいがちょうどいいとも思います。若いくせに洒落心に欠けるのは、それこそ玉《たま》の盃《さかずき》底抜け男ですよ。

自得の境地

話は少し飛びますが、巨万の富を得た若いサッカー選手が、イタリアの高価なスーツをびらしゃらさせている姿を、時に見かけることがありますでしょ。不思議と最初から映りが宜しい人もいるけれど、たいていはキンキンするばかりで、着ている服がしっくり来ていません。

だけど、アレはアレで可愛いらしくない、こともない。ごく若い頃にああした半端なところを過ぎないと本物になることはできません。不似合いな時期は、大通《だいつう》に至る道の途中なのですから。

ただし、流行を追いかけて自己満足に溺れる楽しみを許されるのは、若いうちに限った話です。学校を卒業して独り立ちし、何かの道に入ってからは、少し考えを変えなきゃいけません。広い世間には格も式もあるのですからね。

貴方の普段の恰好ですか。

今日のTシャツ姿は論外ですけれど、チノパンに白シャツに紺のジャケットというのは、そろそろおやめになったほうが宜しいでしょうね。あんなふうな、誰からも好かれもしなければ嫌われもしないような服装は、慎ましいように見えて、実は図々しいんじゃないですか。

たしか川端康成が書いたものだと思いますけれど、とある駆け出しの小説家のところに背負いの呉服の婆さんが来て、貧乏文士には不相応な高価な紬《つむぎ》を売ろうとする——という話があります。当然、その小説家は「俺にはまだ早いよ」とか何とか言って断ります。だけど婆さんは言います。「金を持たない若いうちこそ男は上等の衣装でなければならない」って。

これは聴きどころですよ。文豪の話をしたあとで何ですが、わたくしも軽い勤め人をしていた頃は、給料のほとんどを着るものの払いに回したものです。もっとも、その修行が名作を出すには至らず、柔弱半可《にゅうじゃくはんか》の色気ばかりが顔に出ることになりましたけれども。

おほほほほ。

……ちょっと。貴方まで一緒に笑うことはないでしょうに。

まあ、とにかく年に一度か二度、それ相応の銭を遣って仕立屋で誂えているうちに、十年もすれば生地にも目が利くようになるはずです。糸の細いの太いの、織り方による風合いの違い、黒や紺や灰のうちにも微妙な色合いを嚙み分けられるようになったら、もう流行なんて気にもならなくなる。そうなったらまさに自得の境地で、世間のどこへ行くにしても落ち着いた心持ちで出てゆけます。

約束事を破るも守るも

洋服を着る際の注意点ですか。

そうですねえ。

和服の約束事にはないもので、洋服の約束事にあるものといったら、午前と午後とによって着るものが変わる、ということです。まずはそれを心得ておくべきでしょうね。

時刻によって着るものが変わるという約束事を、イヴ・サン＝ローランは撤廃しようとしたそうですね。五月革命の頃の話だそうですから、政治的な意図もおおいにあったのでしょう。

およその目見当《めけんとう》で言えば、一九六〇年代の終わり頃から、欧米でも男の服装の約束事がだんだん崩れてきている様子です。ですが、二十一世紀の今でもやっぱり約束事は残っています。少なくとも婦人の服飾に比べれば、男の服飾にはたくさんの決まりがある。それを破るも守るも勝手ですが、約束にかなった衣装付けをしているほうが、自分の心持ちも落ち着くんじゃないかしら。

だって貴方。着ているもので品定め――そう言って悪いなら判断――されることは、今でも欧米では当たり前にあることのようですし、日本だって往くところへ往けばそうした見極めをされるのですからね。

成人式やら結婚披露宴での服装が男女ともに支離滅裂になったのは仕方ないにしても、公式の園遊会に招かれた中高年のなかにも、成金らしく銭をかけたはいいものの、約束事にかなわない容儀の人を見かけます。じつに心のきめが粗い、図々しいことだと、わたくしなどは思いますね。

だいたい貴方、この頃の爺さん婆さんは、寺社に参拝するときだって帽子も取らず、襟巻も取らない人が少なくありませんでしょ。約束事を知ったうえであえて破るのならまだしも、約束事を知らぬままのトンチンカンは恥ずかしいですよ。

なるほど、洋服の決まり事なんてものは公立学校では教えてくれません。それぞれの家庭の親も、不通の人が多いでしょう。だけど、それを覚えるのにたいした手間はかかりません。信用を置くことのできる監修者の名を記した手引書でひと通りのことは覚えられます。

注意すべきは店の意見です。これはね、皆さん、業界の共通認識から教えてくれるでしょう。そうすると日本だけで決めた、この何年かの流行の情報を、さも世界中に通用するもののように聞かされるときが、間々《まま》、ありますね。

ですから、普段から「これは」と思う紳士たちの装いに目をとめるようにしていれば、こういう季節の、こういう場所では、こんな取り合わせもあるんだなと覚えられます。近頃、わたくしはインターネットの画像検索で、欧州の俳優以外の紳士たちの仕立て方や着こなしを見ますね。昔の貴紳や伊達者の襟の形、袖口、ボタンの数と位置などを注意深く見ています。

それから、見飽きのしないのが、ドレッシングガウン。ローブ・ド・シャンブルとも言いますが、緞子《どんす》の凝ったものはほとんど輸入されていないんですよ。ですから、英国から取り寄せるのが面倒でね。それで三年くらい前に自分で作っちゃおうと思い立ち、わたくしのデザインのものをネット販売しようと友人と語らったのですが、だれも賛同しなかったなア。独身の数寄者には魅力的に映ると思うんですがね、房《ふさ》付きの別珍《べっちん》のスモーキングキャップ、絹の部屋履きと組み合わせてねえ。それで、購入者を集めて、ドレッシングガウンパーティーをするのさ。楽しそうでしょ。

おめずおくせずはじらわず

ただしそうは言っても、やっぱり一番大事なのは身銭を切ることです。

また始まった――って何ですか。

そうです。またソレです。ひと通りの約束事を覚えることはできても、そこから奥の深いところは、実際に銭を遣って仕立物を誂えなければ分かりません。そりゃあ、最初は失敗をすることもあるでしょう。銭さえ遣えば自分に合った装いを見つけられるかといえば、必ずしもそうではありません。ですが、とにかく仕立て屋に細かく、気の済むまで注文を出しながら、あれこれ試みなければ、傍目《はため》にしっくり映る姿には近づけません。

こんなことを言うとおかしいようですが、裏地や釦《ボタン》の取り合わせも楽しいものです。

それから、和服と違って小道具が必要となるのも、そんなことが嬉しいあいだは楽しめます。

ネクタイ、チーフ、スカーフ、カフリンクス、靴下など。ボウタイは結び切りでないものを。結ぶのは簡単ですから。あまり左右対称にしては野暮です。ブレイシーズは——サスペンダーのことね——釦で留めるものがよろしい。手袋は夏用も持たねばならず、それもモーニングコートのときには白ではなく緑がかった灰色の、それ専用のものを穿《うが》つことです。

ほかにも靴、鞄、傘。どれも目立たぬものが無事です。

貴方が服を注文するときに心がけるべきことですか。

それは即答いたします。

肝心なのは「自分を消す」ということです。

人が暮らしてゆくなかで、目の前に現われる相手はめまぐるしく替わっていきます。相手の立場はいろいろで、それによってこちらの立場もいろいろ変化する。自分だけが動かず、悪く納まってはいられません。だから自分を「消す」わけです。自分と他人との境を「溶かす」と言っても宜しいでしょうね。

自分と他人とのけじめを緩《ゆる》やかにして、その間に自分を溶かすようにすれば、無心の境地に近づくでしょうから、何事にも拘泥《こだわ》ることが少なくなるはずです。しなやかなればこその強さも備わるでしょう。歌舞伎十八番『対面《たいめん》』の朝比奈《あさひな》の台詞ではありませんが、どんな相手が目の前に現れても、不怖不臆不恥《おめずおくせずはじらわず》、いつでも自在に振る舞えるでしょうし、どんな人にも共感を持って接することができるだろうとも思います。

分かりませんか。

まあ簡単に言えば、あまりに主張の強い服は大人気ないし、不潔ではお話にならないし、装《よそお》いの約束事に外れていては相手に失礼です。どんな状況においても調和のとれた、清潔な、約束事に適った服装を心がけていれば、悪いところが目立ちがちな「自分」というものが消えます。かつまた、相手の心持ちと重なるようになる。

「昨日あの人は何を着ていたか」

それがどうしても思い出せないというところまで来れば、極上上吉の服装です。

貴方という人間がそうなるのが理想でしょうが、おたがいさまに人というのは依怙地《いこじ》です。まずは外側の形から整えて、そうしてだんだんと中身を合わせていく、というのはどうですか。

五十万のスーツを二十年着る

こんな高級テーラーでスーツを注文するゆとりなんて、僕にはありません——と、そう言われれば、そうですか、というほかはありませんね。

ですが、三十万から五十万くらいのものを誂えたなら、二十年くらいは保つでしょう。そりゃあ、綻《ほころ》びることもあれば擦り切れることもあります。だけど、修繕しながら着ればね、そんなに高いものにはならないから。

手入れについては、化繊でなければ、とにかくブラシを掛けること。生き物の毛ですからね、塵や埃を掻きだすように、丁寧に。

ハンガーは型崩れのしない丈夫なものを選び、間を空けて掛け、布で覆うのがよろしいようです。

湿度の高いときには除湿器を、こんなこと言うまでもありませんね。

未来は誰にも分からない

将来の不安って、貴方ね。

今日のことだって、そう思えば不安になりますよ、だから、考えない。

「世にありて財を保ち身を安くせんとするは、大空にただよへる雲を釘づけにせんとするが如し」

幸田露伴《こうだろはん》もそう喝破しています。不安がって、いくら備えをしてみたところで、何かが起こるまではどう手立てをしていいのか、分からないものです。

わたくし自身のことを言えば、若い頃に「こうなれば好いな」と願ったことは何一つ叶いはしませんでした。わたくしだけじゃなくて、他の多くの人もそうじゃないですか。いずれにしましても、思うようにならないのが人の世です。

だけどそのかわり、予測さえできなかった思いがけない道が拓けることもあります。人智の及ばぬ玄妙《げんみょう》なところに人生の難しさもあるし、妙味もある。

ですから、重ねて余計なお世話ではあるけれども、貴方もまだ三十代であるならば、時を惜しんで働いて、稼いだものを綺麗に遣ったらどうです。女にも男にも好かれるよう配慮を怠らず、心のおもむくままのことをして暮らせば、初老にさしかかった頃には僻《ひが》みも嫉《ねた》みもすっかり消えて、さばさばとした心持ちで笑顔を湛《たた》えられるようになれるんじゃないかと思います。

困るか、悩むか

悩みですか。

幸せがどんなものか知らない代わりに、悩んだこともありませんな。

そりゃあ、困ることはあります。だけど、それで悩んだりはしません。

なぜって、悩むというのがどんなことか知らないもの。不機嫌ですね、とはよく言われるけれど、それとは違うんですか。

しかもだね、近頃では何があっても、困ることもなくなった気がする。

すぐに、手もなく、あきらめるから。

大たい、おッぽり出す、というところがあるね。ええ、若い頃から、そう。

勤め人だったときも、考えずに辞めましたし。そうするとね、せいせいしますよ。

なんでも、投げ出したときくらい、爽快なことはないんだ。

だから、金も貯まらないんでしょうね。可愛いのに強請《ねだ》られると遣らずにはいられない。え、貢《みつ》ぐんじゃないよ、どっちかてえば、捨てるようなもんです。

それが、貴方、なによりの道楽さ。え、分からない、可哀相だね。

そもそも貴方、人の暮らしというのは困ったことを片付けてゆく、そのくり返しなんじゃありませんか。それはあながち、不幸せの連続ではないと思います。何かに困ったおかげで、思いも寄らぬ喜びを味わうこともあるのですから。

何かに困る——という話で思い出しましたけれど、わたくしこの頃、和服を着る機会が増えましてね。

いえいえ、別に伊達で着ているわけじゃありません。ご婦人の帯結びと違って楽ですからね、何もかもで三分と掛からない。

スーツですと、シャツとネクタイの取り合わせを考えたり、ブレーシーズをどれにするか、靴はどれを履くか、あれこれ迷ったりしますわね。着物でも多少迷うことはあるけれど、洋服のときほどは迷いません。

わたくしのような暑がりには、とりわけ夏場は着物に限ります。どこからでも風が入りますし、足もとは草履ですから、スーツにネクタイに革靴、なんて姿よりはよほど涼しいんです。地方出張なんかで新幹線やら飛行機で移動するときも本当に楽ですよ。寝間着《ねまき》で寛《くつろ》ぐようにリラックスして、その時間を過ごせますからね。

なのでそろそろ、来年の夏の着物を誂えたいのですけれど、ご覧のとおり今日はここでスーツを仕立てましたでしょ。それでどうしようかと困っているんです。

何にお困りなんですかって。

そこは察してくださいな。

スーツと着物を同じ時期に仕立てられるほど、わたくしの懐は暖かくありません。そうでなくても、何かと物入りなんです。喰い物がどうだとか掛け軸がどうだなんて毒にも薬にもならないような話はいい加減にして、たまにはドーンと儲かりそうな話の一つも持ってきたらどうなのよ。

そうだ。

こういうのはどうです。

貴方、今までわたくしの話を録音していますでしょ。これをそっくりワープロに起こして、出版社に持ち込むんです。頭の禿《は》げかかった半可通の放談だけれども、世間で言われている話とはちょっと違うことが多々ありますから、それが正しいか間違っているかどうかはともかく、一つの読み物として商品になりませんか。と、そう言って売り込んでみたらどうです。

何よ、そんな曖昧な返事をして。たとえ自信がなくても「お任せください」と胸を叩いて見せるのが男ってものなんじゃありませんか。

恋の作法

来《き》し方《かた》をふりかえれば、わたくしは若い頃から恋をするのに忙しくて、さっき話に出た「悩む」なんていう知識人の独り芝居めいた道楽には、まるで寄りつきませんでした。そんなものは蹴鞠《けまり》だとか聞香《もんこう》といった時代離れの趣味に通ずるもので、わたくしは今日までずっと、月を見ても雨を見ても、叶わぬ恋に涙潸然《さんぜん》として下《くだ》るという風で過ごしてきました。

恋というものは叶わないから恋なのであってね。手が届かない悲しみのなかに、何とも言われぬ、幽《かす》かな、淡き、ほそき、しかも其の奥に言いしれぬ深みがあるわけですよ。それを忘れたならば、筆に色気がなくなるよ。

だけどその一方で、ちょちょげまちょげの不足のために下劣の色が目に宿らぬよう、簡易な共寝の相手を調達することを怠らぬようにする必要はあります。いい歳をして色気が抜けない顔つきは傍目に見苦しいですからね。

あるいはまた、「老松《おいまつ》を養うには姫小松《ひめこまつ》」の譬《たと》えのとおり、若いのを周りに置いておかなきゃア、老け込んじゃうもの。その意味でも銭は大切です。銭を上手に遣う心得も、年相応に身につけなければなりません。

ということで、宜しいかね。

「何のことですか」

だなんて、空恍《そらとぼ》けかい。

わたくしの駄々羅《だだら》ばなしを書籍にして、来夏の上布《じょうふ》の帷子《かたびら》の代《しろ》にするって話です。

それじゃア、あとは宜いように、頼みましたよ。

後記

ご購読の諸兄姉へ対して心より御礼を申し上げます。

小生無力の徒の如きが作法指南の銘打つ新書を上梓し、時勢を諷《ふう》してよきあしきなどの賞《ほ》めそしりはもとより、笑止な見当外れは定《さだめ》のもの、罪障深き妄語《もうご》は偏《ひとえ》に御ゆるし被下度《くだされたく》、先お詫び申し上げる次第でございます。

坐作進退《ざさしんたい》の礼も心得ぬ無慙《むざん》の放談、我ながら絶倒すべき不埒《ふらち》の限り、これも何も己れの暗愚に気づかねばこそ、世間が莫迦《ばか》に見えて仕方がないに違いなく、読者諸兄姉におかれましては只今のお笑い草と思召《おぼ》しめさば不肖幸甚に存じます。

末筆ながら怠惰な作者をそやし立て、気根を以て編集の労をお取りくださいました集英社インターナショナル佐藤眞氏へ心からの謝儀を呈し、又、言葉がたきの役を任じてご協力くださった布川剛氏にも御礼を申し上げます。

著者記す

岩下尚史　いわしたひさふみ

作家。一九六一年、熊本県生まれ。國學院大學文学部卒業後、新橋演舞場株式会社に入社。退社後、『芸者論―神々に扮することを忘れた日本人』を著し、第二〇回和辻哲郎文化賞を受賞。國學院大學客員教授。テレビのコメンテーターとしても活躍。著書に『見出された恋「金閣寺」への船出』『直面（ヒタメン）三島由紀夫若き日の恋』（共に文春文庫）など。

大人《おとな》のお作法《さほう》

二〇一七年一月一七日　第一刷発行

インターナショナル新書〇〇三

著者　岩下尚史《いわしたひさふみ》
発行者　椛島良介
発行所　株式会社　集英社インターナショナル
〒一〇一―〇〇六四　東京都千代田区猿楽町一―五―一八
電話　〇三―五二一一―二六三〇
発売所　株式会社　集英社
〒一〇一―八〇五〇　東京都千代田区一ッ橋二―五―一〇
電話　〇三―三二三〇―六〇八〇（読者係）
〇三―三二三〇―六三九三（販売部）書店専用
装幀　アルビレオ
印刷所　大日本印刷株式会社
製本所　大日本印刷株式会社

©2017 Iwashita Hisafumi　Printed in Japan
ISBN978-4-7976-8003-4 C0295
定価はカバーに表示してあります。

造本には十分に注意しておりますが、乱丁・落丁（本のページ順序の間違いや抜け落ち）の場合はお取り替えいたします。購入された書店名を明記して集英社読者係宛にお送りください。送料は小社負担でお取り替えいたします。ただし、古書店で購入したものについてはお取り替えできません。
無断で複写・複製することは法律で認められた場合を除き、著作権の侵害となります。また、業者など、読者本人以外による本書のデジタル化は、いかなる場合でも一切認められませんのでご注意ください。

インターナショナル新書

001
知の仕事術
池澤夏樹

多忙な作家が仕事のノウハウを初公開。自分の中に知的な見取り図を作るために必要な情報、知識、思想をいかに獲得し、日々更新していくか。反知性主義に対抗し、現代を知力で生きていくスキルを伝える。

002
進化論の最前線
池田清彦

ダーウィンの進化論に異を唱えたファーブル。ネオダーウィニストたちはいまだファーブルの批判を論破できていない。現代進化論の問題点を明らかにし、iPS細胞やゲノム編集など最先端の研究を解説する。

004
生命科学の静かなる革命
福岡伸一

二五人のノーベル賞受賞者を輩出したロックフェラー大学。客員教授である著者が受賞者らと対談、生命科学の道のりを辿り、その本質に迫った。『生物と無生物のあいだ』執筆後の新発見についても綴る。

005
映画と本の意外な関係！
町山智浩

映画のシーンに登場する本や言葉は、作品を読み解くうえで重要な鍵を握っている。作中の本や台詞などを元ネタの文学や詩までに深く分け入って解説し、アメリカ社会の深層をもあぶり出す、全く新しい映画評論。